软件技术
与船舶计算机网络工程探索

郑诗文 徐 亮 杨秋萍 ◆著

中国商业出版社

图书在版编目（CIP）数据

软件技术与船舶计算机网络工程探索 / 郑诗文，徐亮，杨秋萍著. -- 北京：中国商业出版社，2024.9.
ISBN 978-7-5208-3053-9

Ⅰ．U665.261

中国国家版本馆 CIP 数据核字第 2024PV5457 号

责任编辑：王　彦

中国商业出版社出版发行

（www.zgsycb.com　100053　北京广安门内报国寺 1 号）
总编室：010-63180647　编辑室：010-63033100
发行部：010-83120835 / 8286
新华书店经销
廊坊市博林印务有限公司印刷

*

710 毫米 ×1000 毫米　16 开　12.75 印张　212 千字
2024 年 9 月第 1 版　2024 年 9 月第 1 次印刷
定价：58.00 元

* * * *

（如有印装质量问题可更换）

作者简介

郑诗文，女，现就职于共青科技职业学院，讲师。毕业于江西财经大学工商管理专业，硕士研究生学历，主要研究方向为高职院校航海教育、英语教育。先后在《大众科学》《读与写》等期刊上发表论文，曾获 2023 年江西省职业技能大赛优秀指导教师称号。

徐亮，男，现就职于共青科技职业学院，讲师。毕业于集美大学，本科学历，主要研究方向为航海技术、船舶计算机网络工程。

杨秋萍，女，现就职于共青科技职业学院，讲师。硕士研究生学历，主要研究方向为英语教育与教学。先后在《西部学刊》《现代英语》《校园英语》等期刊上发表多篇论文。

前　言

随着现代科技的不断进步和海洋运输业的快速发展，船舶计算机网络工程在船舶管理与运营中扮演着越来越重要的角色。船舶计算机网络工程不仅涵盖了网络架构的设计与实现，还涉及网络安全、数据保护、虚拟化技术、云计算、智能船舶系统等多个方面。因此，深入了解并掌握船舶计算机网络工程的相关技术和应用，具有重要的现实意义和广阔的应用前景。本书以船舶计算机网络工程为主题，全面探讨了该领域的核心概念、技术应用及未来发展趋势。通过对船舶计算机网络工程的定义与范畴、软件技术在船舶网络中的作用、网络拓扑与架构设计、网络安全与数据保护、软件定义网络（SDN）的应用、虚拟化技术与云计算、船舶通信技术与协议、智能船舶系统与自主网络的设计与实现，以及船舶网络性能优化策略等方面的系统介绍，旨在为读者提供一个全面而深入的视角。希望本书能够帮助读者全面了解船舶计算机网络工程的各个方面，掌握最新的技术和应用方法，为今后的实践和研究打下坚实的基础。同时，也希望本书能成为船舶网络工程领域的有力参考，为从业者和研究人员提供有价值的指导和借鉴。

目 录

第 1 章　船舶计算机网络工程概述 /1

　　船舶计算机网络工程的定义与范畴 /1

　　软件技术在船舶网络工程中的作用与挑战 /8

第 2 章　船舶网络拓扑与架构设计 /33

　　船舶网络拓扑结构分析 /33

　　基于软件技术的船舶网络架构设计 /50

第 3 章　船舶网络安全与数据保护 /63

　　船舶网络安全威胁与漏洞分析 /63

　　软件技术在船舶网络安全中的应用与解决方案 /74

第 4 章　软件定义网络（SDN）在船舶中的应用 /102

　　SDN 技术概述与特点 /102

　　船舶网络中基于 SDN 的实际应用案例 /118

第 5 章　虚拟化技术与云计算 /121

　　船舶网络虚拟化技术概述 /121

　　云计算在船舶网络工程中的应用与优势 /126

第 6 章　船舶通信技术与协议 /155

　　船舶通信技术现状与发展趋势 /155

　　船舶通信协议与软件技术的结合 /164

第 7 章　智能船舶系统与自主网络 /170

　　智能船舶系统概述 /170

　　基于软件技术的自主网络设计与实现 /175

第 8 章　船舶网络性能优化与未来展望 /182

　　船舶网络性能优化策略 /182

　　船舶网络工程未来发展趋势与挑战 /187

参考文献 /192

第1章 船舶计算机网络工程概述

船舶计算机网络工程的定义与范畴

一、船舶计算机网络工程的定义

船舶计算机网络工程是指应用计算机网络技术和工程方法，为船舶及其运营提供高效、安全、可靠的信息传输和管理系统的全过程。它涵盖了从网络需求分析、设计、实施、测试到维护和优化的各个环节。船舶计算机网络工程的主要目标是确保船舶内外部信息的畅通和安全，为船舶的导航、管理、通信、监控和娱乐等方面提供支持。

（一）来源

船舶计算机网络工程起源于计算机网络技术和通信技术在航海领域的应用。早期的船舶通信主要依赖无线电波和卫星通信技术，这些技术在一定程度上满足了船舶与岸基之间的通信需求。随着计算机技术和网络技术的迅猛发展，单一的通信手段已经无法满足现代船舶对信息传输和管理的高效性、安全性和可靠性需求。将计算机网络技术应用于船舶运营，成为船舶管理现代化的必然趋势。

（二）发展历程

1. 早期阶段（20世纪70年代以前）

在这一阶段，船舶的通信手段主要依赖无线电和一些简单的电子设备，这些设备主要用于基本的导航以及船舶与岸基之间的通信。然而，这些手段的技术水平有限，导致信息传输速度较慢，影响了实时数据交换的效率。由于设备的技术限制，通信的可靠性和安全性也较低，容易受到干扰和破坏，从而影响船舶的正常运营和安全管理。这一阶段的船舶通信手段无法充分满足现代航海对高效、安全和可靠的信息传输需求。

2. 起步阶段（20世纪70年代至80年代）

随着计算机技术的兴起，简单的计算机系统逐渐开始应用于船舶的管理和控制，这标志着航海领域进入了一个新的技术时代。在这一阶段，计算机技术被引入船舶导航和管理系统，显著提升了数据处理和存储能力。船舶能够更高效地处理导航信息、监控航行状态，并实现对机械设备的自动化控制。尽管这些技术的改进大大提高了船舶运营的效率和精确性，但由于网络技术尚处于初级阶段，计算机系统的应用更多局限于单机操作和局部自动化，船舶内部及船舶与岸基之间的广泛网络应用仍较为有限。这个阶段的重点在于打下基础，为后续的网络化和智能化发展奠定坚实的技术基础。

3. 发展阶段（20世纪90年代至2000年）

随着计算机网络技术的进步，船舶开始引入局域网（LAN），这使得船舶内部各个系统之间的通信和数据共享变得更加方便和高效。局域网将船上的导航系统、管理系统、监控系统、娱乐系统等连接起来，形成一个统一的网络平台，实现了信息的实时传输和资源的共享。例如，船舶的导航数据可以实时传输到船长的控制台，机械设备的状态信息可以即时反馈到维护系统，船员可以通过内部网络进行高效的沟通和协作。与此同时，互联网的普及极大改善了船舶与岸基之间的远程通信。通过卫星通信和其他无线通信技术，船舶能够与岸基管理中心保持实时联系，实现远程监控、数据传输和指令下达。例如，船舶可以将航行数据、气象信息和货物状态等关键数据实时上传到岸基管理系统，岸基则可以远程提供导航指导、紧急支持和操作建议。这种远程通信的实现，大幅提升了船舶运营的安全性和效率，使得船舶管理更加科学和高效。计算机网络技术和互联网的应用，为船舶内部的高效通信和数据共享，以及船舶与岸基之间的远程协作提供了强有力的支持，推动了船舶管理向信息化和智能化方向的发展。

4. 成熟阶段（2000年至2010年）

在这一阶段，船舶计算机网络工程得到了全面的发展，网络技术和通信技术的进步显著提升了船舶的运营效率和安全性。特别是卫星通信和无线网络技术的发展，使得船舶的网络系统更加完善和可靠，能够实现全球范围内的实时通信和数据传输。综合管理系统（IMS）和电子海图显示与信息系统（ECDIS）等先进应用技术逐渐普及，这些系统通过集成和自动化，极大提升了船舶的导航、管理和监控能力。

IMS通过集成多个子系统，实现了船舶管理的自动化和集约化，提高了数据处理和决策支持的效率。船舶运营中的关键数据，如航行状态、设备运行情况和货物信息等，可以在IMS平台上实时监控和管理，从而提高了船舶的整体管理水平。ECDIS的引入大大改善了船舶的导航能力，它通过电子海图和实时导航数据的结合，为船员提供了直观、精确的航行信息，减少了人为错误，提高了航行的安全性和效率。ECDIS不仅支持实时的航行路径规划和调整，还能提供海上交通状况、气象信息和海洋环境数据等综合信息，帮助船员做出更准确的决策。无线网络技术的发展使得船舶内部和船岸之间的信息传输更加高效和可靠。船舶内部的各个系统通过无线网络实现了无缝连接和数据共享，而船岸之间的无线通信技术则保证了远程监控和支持的实时性和稳定性。船舶可以通过卫星通信系统，与岸基管理中心保持全天候的联系，实现远程故障诊断、应急支持和操作指导等功能。这一阶段的船舶计算机网络工程不仅在技术上取得了重大突破，还在应用层面上实现了全面覆盖。网络技术和通信技术的进步，以及综合管理系统和电子海图系统的普及，显著提升了船舶的导航、管理和监控能力，推动了船舶运营的现代化和智能化进程。

5. 现代阶段（2010年至今）

进入21世纪第二个十年，物联网（IoT）、大数据、云计算、虚拟化技术和软件定义网络（SDN）等先进技术开始在船舶网络中得到广泛应用，推动了智能船舶系统的发展，实现了船舶管理的智能化和自动化。物联网技术使得船舶上的各类设备和系统能够实现互联互通，实时监控和数据采集变得更加高效。大数据技术则通过分析海量数据，提供了更精准的决策支持和预测能力。云计算为船舶提供了强大的数据处理和存储能力，使得远程监控和管理更加便捷。虚拟化技术提高了资源利用率，简化了网络的配置和管理。SDN通过灵活的网络管理和配置，提高了网络的效率和适应性。现代船舶计算机网络工程不仅关注网络的构建和管理，还高度重视网络的安全性、数据的保护以及网络性能的持续优化，确保船舶运营的安全、可靠和高效。这些技术的综合应用，使得船舶运营更加智能化、自动化，为现代海运业的高效发展提供了有力支持。

（三）现代发展趋势

1. 智能化和自动化

随着人工智能（AI）和机器学习技术的发展，智能船舶系统逐渐成熟，实现了自主导航、自主避障和智能维护等功能。这些技术的应用极大提高了船舶运营的安全性和效率。

（1）自主导航

AI 和机器学习技术使船舶具备了自主导航的能力。通过集成高精度传感器、GPS、电子海图和先进的算法，智能船舶能够自主规划航线，实时调整航向和速度，确保船舶按照最优路线行驶。自主导航系统不仅能够根据环境变化和海况实时作出决策，还可以预先识别潜在风险，避免碰撞和搁浅等事故。这一功能大大减轻了船员的工作负担，提高了航行的安全性和效率。

（2）自主避障

自主避障技术是智能船舶系统的一项关键功能。通过 AI 算法和机器学习，船舶可以实时处理来自雷达、声呐和摄像头等多种传感器的数据，识别和分类海上障碍物，如其他船只、浮标、冰山等。当系统检测到潜在的碰撞风险时，会自动计算出最佳的避障路径，并迅速调整航向和速度，确保船舶安全通过。自主避障技术不仅在复杂的海况中表现出色，还能应对突发情况和高密度航运区域，显著提高了航行的安全性。

（3）智能维护

智能维护系统利用 AI 和机器学习技术，对船舶的各个设备和系统进行实时监控和预测性维护。通过分析历史数据和实时传感器数据，系统可以预测设备的故障趋势，提前发现潜在问题，并自动生成维护计划。这种预测性维护方式不仅减少了突发故障的发生，延长了设备的使用寿命，还优化了维护资源的配置，降低了维护成本。例如，发动机的运行状态、燃油系统的压力变化和电气系统的温度波动等都可以被智能维护系统实时监控，并在问题出现前提供预警和解决方案。

（4）综合影响

人工智能和机器学习技术的应用，使智能船舶系统在多个方面实现了突破。自主导航、自主避障和智能维护等功能，使得船舶能够在无人干预或少人干预的情况下高效、安全地运营。这不仅提升了航行的安全性和经济性，还提高了船员的工作效率和舒适度，减少了人为操作失误的风险。随着这些技术的不断发展和成熟，智能船舶在未来将会成为海上运输的主流，为全球航运业的安全、智能和高效发展提供坚实的技术保障。

2. 网络安全

随着网络攻击和网络威胁的增加，船舶计算机网络的安全性成为重中之重。现代船舶网络系统采用了多层次的安全防护措施，包括防火墙、入侵检测系统（IDS）、加密技术和安全审计等，以保障网络系统的安全和数据的保密性。

3. 云计算和虚拟化

云计算技术在船舶网络中的应用，使得数据存储和处理更加高效和灵活。通过云计算，船舶可以将大量数据上传到云端进行集中存储和处理，消除了对本地硬件的依赖，提供了更强大的计算能力和存储空间。这不仅提高了数据处理的速度和效率，还实现了数据的实时共享和远程访问，增强了船舶与岸基之间的信息互通。虚拟化技术则在此基础上进一步优化了资源的利用率。通过虚拟化，船舶可以在同一硬件平台上运行多个虚拟机，实现资源的动态分配和高效利用，降低了硬件成本。虚拟化技术还简化了网络的管理和维护，使得系统的配置、升级和故障排除更加便捷和灵活。整体而言，云计算和虚拟化技术的结合，为船舶网络系统提供了高效、灵活、可靠的解决方案，显著提升了船舶运营的效益和管理水平。

4. 软件定义网络（SDN）

SDN 技术通过将网络控制与数据转发分离，实现了网络的灵活管理和配置。具体来说，SDN 将网络的控制平面与数据平面分离，使得网络管理员可以通过集中控制软件来动态调整网络流量和配置。这种架构在船舶网络中的应用，使得网络能够快速响应不同的需求变化，提高了网络的灵活性和可扩展性。船舶网络因此能够更有效地管理资源、优化流量分配，并在面对新的应用需求或突发情况时，迅速调整网络配置，确保其稳定和高效地运行。

船舶计算机网络工程的发展历程反映了计算机技术和网络技术在航海领域的逐步深入应用。从早期的无线电通信到现代的智能船舶系统，船舶计算机网络工程经历了从无到有、从简单到复杂的发展过程。现代船舶计算机网络工程不仅追求高效、安全和可靠的信息传输和管理系统，还不断引入新技术，推动船舶管理的智能化和自动化，为航海业的现代化发展提供了坚实的技术支持。

二、船舶计算机网络工程的范畴

（一）网络需求分析

网络需求分析是船舶计算机网络工程的起点，旨在明确船舶及其运营对网络系统的具体需求。这包括但不限于通信需求、数据传输需求、安全需求和性能需求。通过对需求的详细分析，工程师可以制定出合适的网络规划和设计方案。

（二）网络设计

网络设计是根据需求分析结果，确定船舶网络的拓扑结构、设备选择、协议配置等具体内容的过程。网络设计需要考虑船舶的特殊环境，如海上通信的特殊性、设备的抗干扰能力和网络的冗余设计等。设计阶段的目标是构建一个既能满足功能需求，又具备高可靠性和安全性的网络架构。

（三）网络实施

网络实施是将设计方案付诸实践的阶段，包括设备安装、网络布线、系统配置和调试等工作。在实施过程中，工程师需要确保所有设备和线路的正确连接和配置，并进行初步的功能测试，以验证网络的基本运行情况。

（四）网络测试

网络测试是对实施后的网络系统进行全面检查和验证的过程。测试内容包括功能测试、性能测试、安全测试和可靠性测试等。通过严格的测试，可以发现并修正网络中的潜在问题，确保网络系统在实际使用中的稳定性和安全性。

（五）网络维护

网络维护是网络工程的持续工作，旨在保障网络系统的正常运行和性能优化。维护工作包括定期检查、故障排除、系统升级和优化等多个方面。定期检查涉及对所有网络设备和连接的常规监测，确保其在最佳状态下运行，及时发现和处理潜在问题。故障排除是维护过程中不可避免的一部分，快速识别和修复故障能够减少系统停机时间，维持网络的稳定性和可靠性。系统升级则涉及硬件和软件的更新，以引入新的功能和修复已知的漏洞和缺陷，从而提高网络的性能和安全性。优化工作则通过调整网络配置、优化流量管理和提升带宽利用率，进一步提高网络的运行效率。良好的维护实践不仅能够延长网络系统的使用寿命，还能确保其在不断变化的需求和环境中保持高效、安全地运行，从而为船舶的运营管理提供持续可靠的支持。

（六）网络优化

网络优化是在网络运行过程中，通过监控和分析网络性能，采取措施提高网络的效率和可靠性。优化手段包括网络流量管理、带宽优化、延迟优化和负载均衡等。网络优化是一个持续的过程，旨在不断提升网络的使用体验和运营效率。

（七）网络安全

网络安全是船舶计算机网络工程中至关重要的一环，涉及保护网络系统及其数据免受非法访问、篡改和破坏。网络安全包括防火墙配置、入侵检测系统（IDS）、加密技术、访问控制和安全审计等多层次的措施。防火墙配置是第一道防线，通过设定规则来阻止未经授权的流量进入网络，防止外部攻击。入侵检测系统（IDS）实时监控网络流量，能够迅速发现并响应异常活动，阻止潜在威胁。加密技术在数据传输过程中确保信息的机密性和完整性，使得即使数据被截获，也无法被读取或篡改。访问控制严格限制用户对网络资源的访问权限，确保只有经过授权的人员才能访问敏感数据和关键系统。安全审计则通过定期检查和记录网络活动，识别和修复安全漏洞，确保网络安全策略的有效实施。通过这些综合性的安全措施，工程师可以保障船舶网络系统的通信和数据传输的安全性和保密性，保护船舶的运营管理免受网络攻击和数据泄漏的威胁。

（八）网络管理

网络管理是指对网络系统进行监控、控制和优化的过程，涵盖网络设备的配置管理、故障管理、性能管理和安全管理等多个方面。配置管理涉及对网络设备和系统参数进行设置和调整，确保各部分的协调运作和最佳性能。故障管理则是实时监控网络运行状态，迅速检测并排除故障，以减少停机时间和维护成本。性能管理通过持续监控和分析网络流量、带宽利用率和延迟等指标，优化资源配置，提高网络的响应速度和处理能力。安全管理则包括防护措施的实施和定期审查，以防范网络攻击和数据泄漏，确保系统的完整性和保密性。有效的网络管理不仅能提高网络的运行效率和可靠性，还能预见潜在问题，进行预防性维护和优化，保障网络系统在各种使用场景中的稳定运行，从而支持船舶的高效运营和安全管理。

船舶计算机网络工程涵盖了从需求分析、设计、实施、测试到维护和优化的全过程，涉及网络拓扑设计、设备选型、协议配置、网络安全、性能优化和管理等多个方面。通过系统的网络工程方法，可以构建一个高效、安全、可靠的船舶计算机网络系统，为船舶的导航、管理、通信、监控和娱乐等各方面提供有力的支持。船舶计算机网络工程的成功实施，不仅提高了船舶的运营效率和安全性，还促进了海洋运输业的现代化发展。

软件技术在船舶网络工程中的作用与挑战

一、作用

（一）网络架构设计和实现

软件技术，特别是软件定义网络（SDN）技术，在船舶网络架构设计和实践中的作用越来越重要。船舶网络面临独特的挑战，例如环境动态变化、设备空间有限、需求日益复杂等，这些都要求网络具有高度的灵活性和可配置性。SDN技术的引入，为满足这些挑战提供了有效的解决方案。

1. 集中化管理

在传统的网络架构中，每个网络设备，如交换机和路由器，必须单独配置，这在动态和复杂的环境中尤其困难。软件定义网络（SDN）通过其控制平面和数据平面的分离特性，改变了这一局面。SDN允许网络管理员通过一个集中的控制器从中心点控制整个网络。这意味着所有网络设备的配置和操作可以被远程管理，极大地简化了整个网络的管理过程。通过集中控制，SDN提高了配置的准确性和效率，使得网络能够更加灵活地适应环境变化，同时降低了因配置错误而引起的问题。

2. 动态调整和优化

船舶在航行过程中，其网络需求会受到多种因素的影响，如船舶的具体位置、执行的任务类型以及外部通信状况等。软件定义网络（SDN）技术在这种环境中发挥着关键作用，因为它能够实时监控网络状态，并根据当前的实际需求动态调整网络配置。SDN技术使网络管理员可以灵活地改变流量路由和优化带宽分配，这对于应对航海中的不断变化的通信需求尤为重要。例如，在跨大洋航行中，由于通信卫星覆盖的不均匀性，可能需要实时调整数据路由以保证通信的稳定性和效率。当船舶执行特殊任务，如科研收集、紧急救援或是遇到恶劣天气时，SDN 可以迅速重新配置网络，以确保关键数据的传输优先级和安全。这种动态性不仅提高了网络的适应性，还强化了船舶在面对突发事件时的响应能力，确保了关键任务和安全操作的通信需求可以随时得到满足。这样的技术进步显著提升了海上作业的效率和安全性。

3. 提高资源利用率和响应速度

在传统网络中，许多配置是静态的，这可能导致资源在不同时间和场景下的利用率不均衡。软件定义网络（SDN）通过智能化的流量管理和网络资源调度，能够根据实际使用情况优化资源分配。例如，SDN 可以减少空闲带宽的浪费，同时为高需求应用增加资源。这种动态调整不仅提高了网络资源的总体利用率，还显著加快了网络的响应速度，提高了服务质量。通过 SDN 的优化，网络能够更高效地满足各种需求，确保资源得到最佳利用，增强了网络的灵活性和适应能力。

4. 简化网络管理和降低成本

软件定义网络（SDN）简化了网络的管理流程，显著减少了人力和时间成本。通过 SDN，网络管理员可以通过一个集中的软件界面轻松地进行网络配置和管理，而不需要对每个设备进行烦琐的手动设置。这个集中的控制平台使得整个网络的管理变得更加直观和高效，减少了配置错误的可能性。SDN 的灵活配置能力减少了对昂贵高性能硬件的依赖，因为许多功能可以通过软件实现，从而降低了整体设施的投入成本。SDN 减少了网络维护的复杂性，降低了运营和维护成本。这种简化和优化使得网络运营更加高效，经济上也更具可持续性。

5. 加强安全性

在船舶网络中，安全性尤为重要，软件定义网络（SDN）技术提供了更为精细化的安全控制。SDN 能够实时监控和分析网络流量，识别潜在的安全威胁并进行防御。通过其集中的控制架构，SDN 不仅可以迅速检测异常活动，还能及时采取措施来应对安全事件。比如，在检测到异常流量或潜在攻击时，SDN 可以迅速重新配置网络，将受影响的部分隔离开来，防止威胁扩散，并实施必要的修复措施。SDN 的集中管理使得安全策略的部署和更新更加高效，确保安全防护措施始终处于最新状态。这种精细化和动态的安全管理大大提高了船舶网络的整体安全性，保障了关键数据和通信的可靠性，增强了船舶在复杂和多变环境下的抗风险能力。通过 SDN 技术，船舶网络能够更有效地应对各种安全挑战，确保船舶运营的连续性和安全性。

SDN 技术通过其集中化管理、动态调整能力和高效的资源利用等优势，为船舶网络提供了一个强大、灵活和高效的解决方案，能够有效地应对海上通信环境中的多变和复杂性。

（二）数据传输和管理

船舶上的各类数据传输和管理离不开先进的软件技术。数据压缩算法和传输协议的优化，使得在有限带宽和高延迟的海上环境中，数据传输更高效和可靠。数据库管理系统(DBMS)则帮助船舶存储和检索海量数据，支持导航、监控、管理等多种应用。数据加密和压缩技术可以进一步保证数据的安全性和传输效率。

1. 数据压缩算法和传输协议优化

在海上环境中，由于带宽有限且延迟较高，数据传输面临着巨大的挑战。先进的数据压缩算法在这种情况下显得尤为重要。通过减少数据量，这些算法使得更多的信息能够在有限的带宽内传输，从而提高了传输效率。此外，优化的传输协议也在提升数据传输的可靠性和效率方面发挥了关键作用。例如，适应性传输控制协议（TCP）优化技术可以根据当前网络条件动态调整传输参数，从而在高延迟环境中保持稳定的连接。这种优化技术能够减少数据包的丢失和重传次数，确保数据能够迅速而可靠地传输到目的地。通过压缩算法和传输协议的共同作用，数据传输在海上复杂环境中变得更加高效和可靠，确保了关键通信的顺畅进行。

2. 数据库管理系统（DBMS）

在船舶航行过程中，会生成大量数据，包括导航数据、监控数据、机械状态数据和环境数据等。数据库管理系统（DBMS）在这一过程中起到了至关重要的作用，能够高效地存储、管理和检索这些数据，支持多种应用需求。例如，导航系统利用 DBMS 存储和访问海图数据与航行日志，这些数据对于船舶的精确定位和航线规划至关重要。同时，监控系统则使用 DBMS 分析机械状态和环境数据，以确保船舶的正常运行和安全。通过 DBMS，机械状态数据如发动机性能、燃料消耗、设备运行状况等得以系统化存储和分析，环境数据如气象信息、海况数据等也能被迅速检索和处理。这种高效的数据管理和查询功能，显著提升了船舶的运营效率，能够快速响应各种突发情况和变化的环境条件。DBMS的强大数据处理能力使得各类应用系统能够实时获取所需信息，作出迅速而准确的决策，确保船舶在复杂多变的海上环境中能够高效、安全地运行。这种系统化、集成化的数据管理方式，不仅优化了资源的利用，还提升了整个航行过程的安全性和可靠性。

3. 数据加密技术

海上数据传输的安全性至关重要，数据加密技术为敏感信息提供了关键保护。通过加密，关键数据如船舶定位、航线规划以及与岸基的通信信息在传输过程中得以防止被窃取或篡改。加密技术确保了数据的机密性和完整性，使得这些信息在传输时不会被未经授权的第三方访问或篡改。这样不仅保护了船舶的操作安全，还防范了网络攻击和数据泄漏的威胁。通过采用强有力的加密措施，船舶可以在复杂的海上环境中维持安全可靠的通信，确保航行和运营的顺利进行。

4. 数据压缩技术

除了提高传输效率外，数据压缩技术还在减少存储空间需求方面发挥着重要作用。在有限的存储资源条件下，压缩技术能够显著减少数据体积，使得更多的数据可以被存储和传输。这对船舶上的数据管理和传输尤为关键，特别是在需要实时传输大量数据的应用场景中，例如导航数据、环境监测数据和机械状态数据等。通过压缩技术，船舶可以高效地管理这些大量数据，确保在带宽有限的情况下仍能保持高效的通信和数据处理。压缩技术不仅优化了存储资源的利用率，还提升了数据传输的速度和可靠性，使得船舶能够更好地应对复杂的海上环境和多变的通信需求。这样，船舶的整体运营效率和安全性就得到了显著提升，有助于实现更智能化和高效化的航行管理。

（三）网络安全

网络安全软件是保护船舶网络系统免受非法访问、篡改和攻击的关键。防火墙软件、入侵检测和防御系统（IDS/IPS）、加密技术、访问控制和安全审计软件共同构成了多层次的安全防护体系。通过这些软件技术，船舶网络能够抵御各种网络威胁，确保敏感数据的安全性和保密性。

1. 防火墙软件

防火墙软件是船舶网络的第一道防线，其主要功能是监控和控制进入与离开网络的数据流量，从而阻止未经授权的访问和潜在的威胁。防火墙通过预设的安全规则来过滤数据包，这些规则可以根据船舶网络的安全需求进行定制和调整。具体而言，防火墙会分析每个数据包的源地址、目标地址、端口号和协议类型，然后根据预设的安全规则决定是否允许这个数据包通过。例如，如果一个数据包的源地址来自已知的恶意 IP，或者它的目标端口号对应的是一个未经授权的服务，防火墙将会阻止这个数据包进入网络。防火墙还能够检测和阻止常见的网络攻击，如端口扫描、DoS（拒绝服务）攻击和 DDoS（分布式拒绝服务）攻击。通过实时监控网络流量，防火墙可以快速识别异常行为，并采取适当的措施来保护网络安全。例如，在检测到大量的可疑流量时，防火墙可以暂时封锁该流量的源 IP 地址，防止攻击进一步扩展。防火墙软件不仅可以保护船舶网络免受外部威胁，还能够防止内部网络的滥用和误用。通过设置严格的内部访问控制规则，防火墙可以确保内部用户只能访问他们有权限的资源，防止敏感数据被未授权的内部人员访问。

严格监控和过滤数据流量，防火墙软件能够有效地阻止未经授权的访问和潜在的威胁，从而保护船舶内部系统的安全。作为确保船舶网络安全的关键组件，防火墙为其他安全措施的实施提供了坚实的基础。

2. 入侵检测和防御系统（IDS/IPS）

入侵检测系统（IDS）和入侵防御系统（IPS）进一步强化了船舶网络的安全性。IDS 通过实时监控网络流量，识别和记录任何可疑活动，帮助网络管理员迅速发现潜在威胁。而 IPS 则在此基础上更进一步，不仅能够检测到这些可疑活动，还能主动采取措施阻止攻击。例如，当 IPS 检测到网络攻击行为时，它可以立即封锁攻击源的 IP 地址，防止其对系统造成进一步的损害。IPS 还能够自动调整防火墙规则，隔离受影响的网络部分，并通知管理员采取进一步措施。这样一来，IPS 不仅提高了网络的自动化防御能力，还减少了人为干预的时间和成本，显著提升了整体网络的安全性和响应速度。通过这种双重保护机制，船舶网络可以更有效地抵御复杂的网络攻击，确保关键数据和通信的安全性和完整性。

3. 加密技术

加密技术是保护敏感数据安全性和保密性的关键手段。通过将数据转换为密文，加密技术确保只有授权用户才能解读这些信息。对于船舶来说，加密技术的应用尤为重要，尤其是针对关键数据如定位信息、航线规划和与岸基的通信数据。

在传输过程中，这些关键数据通过加密得以防止被窃取或篡改。加密算法使用密钥将明文数据转换成无法直接读取的密文，只有持有相应密钥的接收方才能将密文解密回原始数据。这一过程确保了数据在传输通道中的机密性，即使数据被截获，未经授权的第三方也无法解读其内容。加密技术不仅在数据传输中发挥作用，而且在数据存储中同样重要。船舶上的数据存储设备如果遭到未经授权的访问，加密技术可以保证存储的数据仍然是安全的。只有持有正确密钥的用户才能解密并访问这些数据，防止敏感信息泄漏。加密还确保了数据的完整性。通过使用哈希函数等技术，数据的接收方可以验证数据在传输过程中是否被篡改。如果数据被篡改，解密后的结果将不一致，接收方可以据此识别并拒绝篡改的数据。加密技术通过保障数据在传输和存储过程中的机密性和完整性，保护船舶免受网络攻击和数据泄漏的威胁。这种保护机制不仅提升了数据安全性，也增强了船舶整体网络系统的可靠性和安全性，确保船舶运营的顺利和安全。

4. 访问控制

访问控制软件通过制定和实施严格的访问权限，确保只有经过授权的人员才能访问敏感信息和关键系统。这个过程涉及为每个用户和角色分配特定的访问权限，根据他们的职责和需要限制他们的访问范围。例如，只有负责导航的人员才能访问和修改航线规划数据，而维护人员则可以查看和更新机械状态数据。这样不仅防止了内部人员滥用权限，减少了内部威胁的可能性，还能有效防止外部攻击者通过获取内部访问权限来进行非法活动。细致的访问控制策略包括多因素认证、基于角色的访问控制（RBAC）和定期审查权限等措施，确保每个访问请求都是经过验证和授权的。通过实时监控和记录访问行为，访问控制软件可以及时发现和响应异常访问活动，进一步增强网络的安全性和透明度。总之，访问控制软件作为网络安全的重要组成部分，通过精细化的权限管理和严格的访问控制，为船舶的敏感数据和关键系统提供了坚实的保护屏障。

5. 安全审计软件

安全审计软件通过定期检查和记录网络活动，确保所有操作和访问都在既定的安全规则和策略范围内进行。这一过程涉及详细记录每一个访问请求、数据修改和系统操作，生成审计日志供网络管理员查阅。通过这些审计日志，网络管理员可以追踪任何可疑活动，分析潜在的安全事件及其原因，并采取适当的改进措施。例如，如果发现某个用户在异常时间尝试访问敏感数据，管理员可以立即进行调查并采取防范措施，以防止潜在的安全威胁。安全审计软件在确保合规性方面也发挥着重要作用。船舶网络需要遵守相关的法律法规和行业标准，如国际海事组织（IMO）的网络安全指南和各国的海事安全法规。通过安全审计，船舶可以证明其安全措施和操作符合这些法规和标准的要求，避免法律和经济上的风险。安全审计还可以识别和弥补安全策略中的漏洞和不足。通过定期的审计报告，管理层可以了解网络安全的现状，评估现有的安全措施是否有效，并根据审计结果进行必要的调整和优化。这样不仅提升了整体的安全性，也提高了网络的运行效率。安全审计软件通过详细记录和检查网络活动，不仅帮助网络管理员追踪和处理可疑行为、分析和改进安全措施，还确保了合规性，提升了船舶网络系统的安全性和可靠性。它是维持高水平网络安全的关键工具，为船舶在复杂多变的网络环境中提供了持续的保护和支持。

这些软件技术使得船舶网络能够构建起一个多层次的安全防护体系，有效抵御各种网络威胁。防火墙软件、IDS/IPS、加密技术、访问控制和安全审计软件相互配合，形成了一个综合性的安全网络，确保敏感数据的安全性和保密性，保障船舶网络系统的整体安全和稳定运行。在这个多层次的防护体系下，船舶能够更好地应对日益复杂的网络安全挑战，维持高效、安全的通信和运营。这种协同作用不仅提升了网络的防护能力，还确保了在复杂的海上环境中船舶的运营安全和效率。

（四）故障检测和修复

软件技术在故障检测和修复中也起着至关重要的作用。网络监控软件可以实时监测网络设备和通信链路的状态，及时发现故障并发出警报。自动故障修复系统能够在检测到问题后立即采取行动，如切换到备用设备或重新配置网络路径，确保网络的持续运行。

1. 实时监测

网络监控软件在船舶网络管理中扮演着至关重要的角色，能够实时监测网络设备和通信链路的状态。这些软件通过持续收集和分析网络流量、设备日志和性能指标，精准识别潜在的故障。例如，当网络设备的流量突然增加、响应时间显著变长或连接中断时，网络监控软件能够立即检测到这些异常行为。随后，系统会迅速发出警报，详细描述故障的性质、发生的时间和受影响的设备,通知网络管理员采取迅速有效的措施。这些警报不仅通过控制台通知,还可以通过电子邮件和短信等多种方式发送,确保网络管理员能够在最短时间内响应。通过这种实时监测和警报机制,网络管理员能够在故障影响网络运行之前进行干预和修复,从而保障船舶网络的稳定性和可靠性。这种预防性和响应性的结合,使船舶网络在复杂的海上环境中能够保持高效、安全地运行。

2. 警报系统

当监控软件检测到故障或潜在问题时,会立即通过多种方式发出警报,以确保网络管理员能够迅速了解情况并采取适当的响应措施。警报可以通过电子邮件、短信或控制台通知等方式发送,确保网络管理员在各种情况下都能接收到警报信息。这些警报包含详细的信息,包括故障的性质、发生的时间和受影响的设备。例如,警报信息可能会指出某个交换机出现了流量异常,导致其响应时间变长,或某条通信链路发生了中断。通过提供具体的故障描述,管理员能够迅速定位问题的根源,了解哪些设备或链路受到了影响,以及故障的严重程度。

及时的警报不仅能够让管理员迅速了解问题,还能帮助他们快速制定和执行修复方案。通过即时通知,管理员可以立即采取措施,例如调整网络配置、切换到备用设备或链路,或者直接进行现场检查和维修。这种快速响应机制显著减少了故障对网络运行的影响,避免了由于延迟处理而导致的更大范围的网络中断或性能下降。监控软件的警报系统通常还支持历史记录和分析功能。管理员可以查看过去的警报记录,分析故障的频率和模式,识别出系统中的薄弱环节,并进行预防性维护和优化。通过这种方式,警报系统不仅在故障发生时提供即时帮助,还能够为长期的网络健康管理和优化提供宝贵的数据支持。

监控软件的警报功能通过多种方式及时通知管理员,详细描述故障情况,使他们能够迅速定位问题并采取有效的修复措施,极大地减少了故障对网络运行的影响,保障了船舶网络的稳定性和可靠性。

3. 自动故障修复

自动故障修复系统在检测到问题后,能够立即采取行动,确保网络的持续运行。这些系统通过智能化的自动化处理机制,可以迅速响应各种故障,最大限度地减少网络中断时间。例如,当某条通信链路出现故障时,系统会自动识别问题并即时切换到备用链路，确保数据传输不受影响。这样，即使主链路出现意外中断，数据也能够通过备用链路继续传输，避免了传输中断导致的业务中断和数据丢失。类似地，当某个网络设备发生故障时，自动故障修复系统能够迅速启用备用设备，接管故障设备的功能。这种处理方式不仅确保了网络设备的连续运行，还可以根据预先设定的策略进行配置调整，使备用设备在接管任务时能够无缝运行，保持网络服务的稳定性和连续性。这种自动化处理减少了人为干预的时间和操作复杂性，大大加快了故障恢复速度。传统的手动故障处理通常需要管理员在接收到警报后进行问题确认、分析并实施修复措施，整个过程可能耗时较长。而自动故障修复系统能够在故障发生的瞬间自动执行预设的修复操作，显著缩短了故障恢复的时间。自动故障修复系统还可以进行定期的自我检测和维护，确保备用链路和设备始终处于可用状态。一旦检测到备用资源存在问题，系统可以提前发出警报，提醒管理员进行维护和更新，进一步提高了整体网络的可靠性和健壮性。

即时的自动化响应机制有效地保障了网络的持续运行，减少了人为干预时间，并显著提升了故障恢复速度。这种技术确保船舶网络在复杂和多变的海上环境中能够高效和稳定地运行。当系统检测到问题时，能够立即采取行动，例如切换到备用链路或启用备用设备，以避免数据传输中断和功能丧失。这样的自动化处理方式不仅提高了网络的可靠性，还使得故障处理更加迅速和高效，确保了船舶的通信和运营不会受到干扰。

4. 网络路径重新配置

在一些情况下，网络故障可能需要重新配置网络路径以绕过问题区域。此时，自动故障修复系统能够根据预定义的策略和实时网络状态，动态调整路由表并重新配置网络路径。这样的调整不仅保证了数据的连续传输，还能优化整体网络性能。通过避免单点故障带来的风险，系统确保了网络的高可用性和可靠性，使数据传输在各种复杂条件下依然保持畅通无阻。这种智能化的动态路由调整提升了网络的灵活性和适应能力，确保船舶网络在任何环境下都能稳定运行。

5. 故障分析与预防

故障检测和修复软件不仅能够处理当前的问题，还具备分析历史数据、识别潜在风险和故障趋势的能力。通过对设备运行日志和性能数据的深入分析，这类软件可以发现某些设备的故障率较高，从而提示管理员进行预防性维护或更换。这种预防性维护不仅减少了突发故障的发生，还延长了设备的使用寿命，提高了整体系统的可靠性。故障检测和修复系统可以生成详细的故障报告，记录每次故障的原因、影响范围和处理过程。这些报告不仅有助于事后分析和改进，还为未来的网络优化提供了宝贵的参考数据。通过总结故障原因，系统能够识别出网络中的薄弱环节，并建议改进措施，从而不断提升网络的性能和稳定性。例如，如果系统发现某些时间段内特定设备频繁出现性能下降的问题，可以通过故障报告分析出是由于网络流量高峰期导致的负载过重，从而提示管理员在这些时段进行流量分配优化或增加设备冗余。通过对故障趋势的分析，系统可以提前预警，指导管理员在问题发生前采取措施，进一步减少突发故障的影响。

故障检测和修复软件不仅可以在即时处理问题上发挥关键作用，还可以通过分析和报告功能，为网络的长期优化和维护提供重要支持。这种综合性的数据分析和预防措施，确保了船舶网络在复杂环境中的高效、安全和可靠运行。

6. 集成与协同

这些软件技术通常与其他网络管理工具集成在一起，形成一个综合的网络管理平台。例如，监控软件可以与配置管理工具、性能管理工具和安全管理工具协同工作，从而提供一个全面的网络状态视图和管理能力。这种集成使网络管理员能够更高效地管理网络，确保其安全、稳定和高效运行。

在这个综合管理平台上，监控软件与配置管理工具的结合，使得管理员可以实时查看网络设备的配置状态和变更记录，确保所有设备按预期配置运行，避免配置错误导致的网络问题。通过这种整合，管理员能够快速了解网络的当前状态以及历史配置变更情况，从而作出更加明智的决策。当监控软件与性能管理工具协同工作时，系统能够持续监测网络性能指标，如带宽使用率、延迟、抖动和丢包率等。通过实时数据分析和历史数据对比，管理员可以识别性能"瓶颈"，并及时调整资源分配和优化网络配置。例如，如果某个链路的带宽使用率持续过高，性能管理工具可以建议增加带宽或重新分配流量，以确保网络的高效运行。安全管理工具与监控软件的集成使得安全事件可以实时监控和响应。安全管理工具能够检测到网络中的异常活动和潜在威胁，并与监控软件共享这些信息。通过这种协同，管理员可以立即采取措施，如封锁可疑流量源、调整防火墙规则或隔离受感染的设备，从而有效防止安全威胁的扩散，保障网络的安全性。

综合管理平台使得网络管理员可以在一个统一的界面上执行多项任务，无须在不同工具之间切换。这种整合不仅提高了管理效率，还减少了人为操作失误的风险。管理员可以通过一个平台查看所有相关数据，执行配置变更、性能调整和安全管理等操作，确保网络的整体安全、稳定和高效运行。通过集成，许多常规管理任务可以实现自动化。例如，当性能管理工具检测到某个设备的性能下降时，可以自动触发配置管理工具调整相关设置，或通知安全管理工具检查是否有安全问题。这种自动化处理减少了管理员的工作量，提高了故障响应速度和处理效率。在实际应用中，这种综合管理平台显著提高了网络管理的效率和效果。例如，在一次突发网络故障中，监控软件可以迅速检测到问题并通知管理员，同时配置管理工具显示最近的配置变更情况，性能管理工具分析性能数据，安全管理工具检查是否有异常安全活动。通过各工具的协同工作，管理员可以快速定位问题根源并采取相应措施，恢复网络正常运行。这些软件技术的集成形成了一个强大的综合网络管理平台，使网络管理员能够更高效地管理网络，确保其安全、稳定和高效运行。这种集成和协同不仅提高了管理效率，还增强了网络的整体可靠性和响应能力。

实时监测、警报系统、自动故障修复、网络路径重新配置、故障分析与预防，以及集成与协同，这些软件技术共同构建了一个强大的故障检测和修复体系。通过这些技术，船舶网络能够快速响应和处理各种故障，确保网络的持续运行和可靠性，提高船舶运营的效率和安全性。

（五）优化和提升性能

网络性能监控和分析软件使工程师能够持续优化网络配置，提升系统的整体性能。负载均衡软件则可以动态分配网络流量，避免单点过载，从而提高网络的吞吐量和响应速度。性能监控工具在识别网络"瓶颈"方面发挥着关键作用，并提供优化建议，以提高网络的运行效率。这些工具共同作用，确保网络的高效、稳定运行。

1. 网络性能监控和分析

工程师优化网络配置的关键工具是网络性能监控和分析软件。这些软件能够持续监测网络的各项性能指标，如带宽使用率、延迟、丢包率和网络抖动等。通过收集和分析这些数据，工程师可以实时了解网络的运行状态，发现潜在的问题和"瓶颈"。例如，如果某个链路的延迟突然增加，监控软件会立即发出警报，提示工程师进行调查和处理。持续的监控和分析使工程师能够制定有效的优化策略，提升系统的整体性能。

2. 负载均衡

负载均衡软件在提升网络性能方面发挥了重要作用。它能够动态分配网络流量，确保各个网络节点的负载均衡，避免某个节点过载导致性能下降。通过智能算法，负载均衡软件能够分析当前网络流量的分布情况，实时调整流量路径，使流量更加均匀地分布在多个节点上。这种动态分配不仅提高了网络的吞吐量，还显著提升了网络的响应速度。例如，在高峰时段，负载均衡软件可以将流量分散到多个服务器上，防止单个服务器过载，从而保证用户的访问速度和体验。负载均衡软件还能够根据实时流量情况自动调整资源分配。例如，当某个节点出现异常或故障时，负载均衡软件可以迅速将流量重新定向到其他正常工作的节点，确保网络服务的连续性。此外，负载均衡软件可以结合服务器的性能数据，智能选择最优路径进行流量分配，从而最大限度地利用系统资源，提高整体网络效率。在云计算环境中，负载均衡软件尤为关键。它能够在不同的云实例之间分配流量，优化资源利用率，降低延迟，并提供冗余以提高系统的容错能力。这种灵活性和智能化管理使得负载均衡软件成为现代网络架构中不可或缺的组成部分，确保网络在高负载和动态变化的环境中依然能够高效、稳定地运行。

智能化的流量管理不仅在提高网络性能方面具有显著效果，还在提升用户体验、确保服务连续性和优化资源利用等方面发挥了重要作用。通过负载均衡软件的应用，网络能够更好地应对各种复杂和高负载的应用场景，满足不断增长的业务需求。这种技术确保了流量的动态分配，使得各个节点的负载更加均衡，从而避免了单点过载的问题。同时，智能化的流量管理能够迅速调整资源分配，在高峰时段分散流量到多个服务器上，保障用户的访问速度和体验。结合实时流量监控和自动化调整，这一技术优化了整体资源利用率，提升了网络的响应速度和稳定性，为现代网络架构提供了坚实的支持。

3. 性能监控工具

性能监控工具在网络管理中发挥着关键作用，帮助工程师识别网络中的"瓶颈"并提供优化建议。这些工具能够详细记录和分析网络设备和链路的性能数据，包括带宽使用率、延迟、丢包率、设备负载等。通过这些数据，工程师可以全面了解网络的运行状态，找出影响网络效率的主要问题。例如，性能监控工具可以检测到某个交换机的处理能力已经接近饱和。在这种情况下，工具会记录交换机的高负载情况，并生成详细报告。工程师可以通过分析这些数据，考虑增加额外的交换机或升级现有设备的性能，以分散负载并提高网络的整体处理能力。性能监控工具不仅能够发现问题，还能提供具体的优化建议。例如，如果监控数据显示某条链路的带宽使用率持续过高，工具可能会建议增加该链路的带宽或者重新分配流量路径。此外，工具还可以根据实时和历史数据，建议调整网络拓扑结构，以减少延迟和提高数据传输效率。优化路由策略是另一个常见的建议，通过选择最优路径，可以最大限度地减少数据传输中的"瓶颈"。

这些优化建议帮助工程师制定更加有效的优化方案。例如，在发现网络拓扑存在"瓶颈"后，工程师可以重新设计网络结构，优化路由策略，以确保数据能够通过最短路径传输。此外，增加带宽或升级设备性能等措施，可以显著提升网络的运行效率和稳定性。通过持续使用性能监控工具，工程师能够及时发现网络中的问题，采取相应的优化措施，从而提高网络的运行效率和可靠性。这些工具提供的详细数据和优化建议，为工程师提供了强大的支持，使他们能够更加高效地管理和优化网络，确保网络在各种负载条件下都能保持高效运行。

4. 优化网络配置

结合网络性能监控和分析软件、负载均衡软件以及性能监控工具，工程师能够持续优化网络配置。这种优化过程是一个动态循环，涉及不断收集数据、分析问题、实施优化措施并评估效果。例如，监控软件收集的数据可以帮助工程师识别出网络中的高流量时段和区域。这些信息允许工程师利用负载均衡软件进行精确的流量分配调整，避免单点过载，提升网络的整体吞吐量和响应速度。性能监控工具进一步提供详细的"瓶颈"分析和优化建议，帮助工程师细化优化策略。这些工具能够检测出网络中哪些设备或链路存在性能"瓶颈"，并建议采取相应的改进措施，如增加带宽、调整网络拓扑结构或优化路由策略。通过这些优化建议，工程师可以采取具体行动，如在高流量时段动态调整流量路径，将负载分配到更多的服务器上，确保网络在各种情况下都能保持高效运行。整个过程是一个闭环，工程师不仅要实施优化措施，还要通过性能监控工具评估其效果。持续的数据收集和分析使得工程师可以及时发现新的问题和优化机会，从而不断改进网络配置。比如，当某个优化措施实施后，性能监控工具会继续跟踪其效果，如果发现新的"瓶颈"或问题，可以进一步调整优化策略。

这种动态循环的优化方法不仅提升了网络的运行效率和可靠性，还确保了网络能够适应不断变化的负载和需求。工程师能够通过这种综合性的方法，保证网络在各种复杂环境下都能稳定、高效地运行，满足用户和业务的需求。

5. 提升系统整体性能

这些软件技术的综合应用，使得网络的整体性能得到显著提升。持续的监控和分析确保了网络问题能够被及时发现和处理，避免了潜在故障的恶化。动态的负载均衡优化了流量分配，提高了网络的吞吐量和响应速度，确保了各节点的负载均衡，避免了单点过载。性能监控工具提供的详细优化建议，帮助工程师不断改进网络配置，针对具体问题进行精准调整。最终，网络系统的运行效率得到了全面提升，用户体验显著改善，确保网络在各种复杂和高负载的环境中依然能够高效、稳定地运行。

借助网络性能监控和分析软件、负载均衡软件以及性能监控工具，工程师能够持续优化网络配置，提升系统的整体性能。这些工具和技术的综合应用，不仅提高了网络的运行效率，还确保了网络在高负载和复杂环境下的稳定性和可靠性。持续的数据监测和分析使得工程师可以及时识别并解决潜在问题，动态负载均衡优化流量分配，防止过载，性能监控工具提供的具体优化建议进一步改进了网络配置，保证了网络的高效和稳定运行。

二、挑战

（一）复杂的海上环境

海上环境复杂多变，对软件技术提出了巨大挑战。高湿度、盐雾和强振动等环境因素可能影响网络设备和软件的正常运行。因此，软件必须具备强大的适应性和稳定性，能够在恶劣条件下长时间稳定工作。

在高湿度环境中，电子设备容易受潮，导致电路短路或性能下降。盐雾的腐蚀作用会加速设备的老化，甚至造成永久性损坏。而船舶在海上航行时的强烈振动和冲击，也可能导致硬件故障和数据丢失。为了应对这些挑战，软件必须设计得足够坚固，能够在硬件出现异常时仍保持稳定运行。软件还需要具备自我修复和冗余机制，以在设备故障时迅速恢复正常功能。信号干扰和传输延迟是海上环境中常见的问题，这对数据传输软件的可靠性和效率提出了更高要求。海上信号的干扰可能来自天气、海况变化以及其他电子设备。传输延迟则可能由于长距离的信号传播和中继站的转发造成。为此，数据传输软件必须具备强大的抗干扰能力，能够在复杂电磁环境中稳定传输数据。

此外，软件需要采用高效的压缩和加密算法，减少传输数据量，保护数据安全，并通过智能路由选择和错误校正技术，确保数据能够准确无误地到达目的地。为了提高数据传输的效率和可靠性，软件开发人员可以采用多路径传输和负载均衡技术，充分利用可用带宽，减少传输延迟。数据缓存和重传机制也能在信号中断时保障数据完整性和连续性。通过这些技术，数据传输软件能够在海上环境的复杂条件下保持高效运行，确保船舶的通信和数据处理需求得到满足。

海上环境对软件技术的适应性、稳定性、抗干扰能力和传输效率提出了严峻考验。为应对这些挑战，软件必须经过精心设计和严格测试，确保在各种恶劣条件下仍能稳定、可靠地运行。

（二）带宽和延迟限制

由于海上通信通常依赖卫星和无线电，带宽有限且延迟较高，这对数据传输和实时通信的软件技术构成挑战，需要开发和优化高效的数据压缩和传输协议，以最大化利用有限的带宽资源，同时保证数据的完整性和实时性。

1. 高效数据压缩技术

（1）减少数据量

在有限的带宽条件下，减少传输数据量是提高传输效率的关键。高效的数据压缩算法能够显著减少数据体积，使得更多信息能够在有限的带宽内传输。例如，使用无损压缩算法可以在不丢失数据的情况下压缩文件，这对于传输需要保持完整性的数据如文档和程序文件尤为重要。无损压缩技术通过消除数据冗余，能够在解压缩时完全恢复原始数据，从而保证数据的准确性。有损压缩算法则通过允许一定程度的质量损失来进一步减少数据量，这对于传输图像、视频和音频等大数据文件非常有效。有损压缩算法，如 JPEG 用于图像压缩，H.264 和 H.265 用于视频压缩，可以大幅减少文件大小，而视觉上或听觉上却几乎感觉不到质量的降低。这些技术在带宽受限的情况下尤为重要，因为它们能够显著减少需要传输的数据量，从而加快传输速度，减少传输时间，并降低带宽使用成本。实时压缩技术也发挥着重要作用，特别是在流媒体传输和实时通信中。实时压缩算法必须具备高速处理能力，以保证数据能够在传输前快速压缩，并在接收端迅速解压缩。例如，实时视频压缩技术可以在保持较高画质的同时，将视频数据压缩到适合网络传输的大小，从而实现流畅的直播和视频会议。

高效的数据压缩技术不仅提升了传输效率,还在一定程度上缓解了网络拥堵,减少了数据传输的延迟。通过智能选择合适的压缩算法和压缩率,可以在保证数据质量的前提下,最大化利用有限的带宽资源。尤其是在海上通信和其他带宽受限的环境中,数据压缩技术为稳定、高效的数据传输提供了坚实的保障。

(2)实时压缩

对于实时通信,压缩算法需要具备高速处理能力,以保证数据能够实时压缩和解压缩。例如,流媒体传输中的实时视频压缩技术(如 H.264、H.265)能够在保证视频质量的前提下显著减少数据量,满足实时传输的需求。这些算法通过先进的编码技术,高效地压缩视频数据,将其转换为更小的数据包,从而在有限的带宽下实现高质量的视频传输。实时压缩技术的高速处理能力确保了视频在传输过程中不会出现明显的延迟,保持了流畅的观看体验。此外,这些技术还具备自适应码率调节功能,能够根据当前网络状况动态调整压缩率,进一步优化传输效果,确保在不同带宽条件下都能提供最佳的视频质量和传输效率。这使得实时视频通信应用,如视频会议、直播和远程教育等,能够在各种网络环境中稳定、高效地运行。

2. 优化传输协议

(1)专门设计的海上通信协议

海上通信环境独特,标准的传输协议可能无法充分利用有限的带宽和高延迟的链路。因此,需要开发专门设计的传输协议,优化数据包的传输路径和方式。例如,传输控制协议(TCP)的优化版本,如快速 TCP(FASTTCP),在高延迟网络中显著提高了数据传输效率。FASTTCP 通过调整拥塞控制算法,更快地响应网络状态的变化,减少了数据传输中的等待时间和丢包现象。这种优化使得数据能够更加顺畅地通过海上通信链路,充分利用带宽资源,减少传输延迟。此外,专门设计的传输协议还可以包括改进的错误检测和纠正机制,以及智能路由选择功能,以确保数据在复杂多变的海上环境中可靠、快速地传输。通过这些技术的综合应用,海上通信的效率和可靠性得到了显著提升,满足了船舶在远程通信、数据传输和实时信息交换等方面的需求。

(2)数据包管理和重传机制

为保证数据的完整性,优化的传输协议需要具备高效的数据包管理和重传机制。在高延迟和不稳定的通信环境中,数据包丢失和错误是不可避免的。为此,传输协议通过使用强大的错误检测和纠正算法(如前向纠错码,

FEC）来有效地识别和纠正这些错误，从而减少数据包重传的次数，提高传输效率。FEC 在发送数据时加入冗余数据，使得接收端在检测到错误时可以利用这些冗余数据进行纠正，即使某些数据包在传输过程中损坏或丢失，接收端也能通过冗余数据恢复原始数据，减少了对发送端重传的依赖。

尽管有了 FEC 等纠错机制，在某些情况下仍然需要重传数据包。优化的传输协议通过智能重传机制，减少重传次数，提高传输效率。当接收端检测到数据包丢失或无法纠正的错误时，会发送重传请求给发送端。发送端在接收到重传请求后，仅重传特定的丢失或错误数据包，而不是重传整个数据流。这种有针对性的重传机制，减少了带宽浪费，提高了传输效率。在高延迟和不稳定的网络环境中，选择最佳的传输路径也非常重要。传输协议可以使用动态路由选择算法，根据实时网络状况选择最优路径，避免拥堵和高延迟路段。通过智能路由选择，数据包能够更快速、可靠地到达目的地，进一步提高了传输效率和数据完整性。传输协议还应具备实时监控和调整能力，能够根据网络状况的变化动态调整传输策略。例如，当检测到网络延迟增加或丢包率上升时，协议可以增加冗余数据的比例或调整重传策略，以适应当前网络条件。通过这些优化措施，传输协议能够在复杂的海上通信环境中保持高效、可靠的数据传输，确保数据的完整性和传输效率。

（3）优化的路由选择

在海上通信中，信号路径可能因为环境变化而不稳定。因此，传输协议需要具备智能路由选择功能，以根据实时网络状况选择最佳传输路径。动态路由选择算法能够根据当前的网络状况，选择延迟最小、带宽利用率最高的路径，从而确保数据传输的实时性和可靠性。通过这种智能化的路径选择，系统可以动态调整传输路线，避免因环境变化导致的信号衰减或中断，提升通信效率和稳定性。这种技术在复杂多变的海上环境中尤为重要，因为它能够最大限度地利用有限的带宽资源，保证关键数据的顺利传输，确保船舶与岸基之间的高效通信。

3. 带宽管理和流量控制

（1）优先级调度

带宽管理技术可以根据数据的重要性和紧急程度，分配传输优先级。例如，关键任务数据（如导航指令和紧急通信）应优先传输，而次要数据（如日常通信和娱乐内容）则可以在带宽充裕时传输。这种优先级调度策略确保了重要数据在有限的带宽条件下得到优先保障。

（2）动态带宽分配

动态带宽分配技术根据实际网络负载情况，实时调整带宽分配，确保各类数据的高效传输。例如，在网络负载较低时，系统可以分配更多带宽给大数据传输，以加快传输速度和提高效率；而在网络负载较高时，则优先保证实时通信的带宽需求，确保重要数据如语音通话和视频会议的顺畅进行。这种实时调整带宽分配的技术能够灵活适应网络流量变化，优化资源利用率，确保在不同负载条件下网络的稳定性和高效性。

4. 数据缓存和预取技术

（1）缓存技术

数据缓存技术在高延迟网络中尤为重要。通过在接收端缓存数据，可以有效减少因网络延迟带来的影响，保证数据流的连续性和稳定性。例如，流媒体播放时，通过预先缓存一定量的数据，系统可以在网络速度波动或短暂中断时仍然顺畅播放，避免播放中断，显著提升用户体验。缓存技术不仅适用于流媒体播放，还可以在其他实时应用中发挥关键作用，如在线游戏、远程会议和实时数据监控等。在这些场景中，数据缓存可以确保数据传输的平稳，减少延迟对用户操作的影响，从而提供更流畅和稳定的服务体验。缓存技术还能够减轻网络负载，通过优化数据传输路径和减少重复请求，提高整体网络的效率和可靠性。在高延迟和不稳定的网络环境中，数据缓存技术为各种应用的稳定运行提供了坚实保障，极大地改善了用户的整体体验。

（2）预取技术

预取技术通过提前获取未来可能需要的数据，显著减少了实时数据传输的需求。例如，在导航系统中，预取技术可以提前下载和缓存航行路线附近的海图数据，这样即使在信号中断或延迟较高的情况下，系统仍然能够提供稳定的导航服务。此技术不仅提高了系统的可靠性，还增强了用户体验。在其他应用场景中，如视频流媒体和在线游戏，预取技术也能有效减少加载时间，确保内容的连续播放和互动的流畅性。通过预测用户需求并提前获取数据，预取技术优化了数据传输效率，减少了网络压力，提升了整体系统的响应速度和稳定性。这种技术在各种需要高实时性和高可靠性的场景中都是至关重要的，确保了在网络条件不佳时依然能够提供优质服务。

为了应对海上通信带宽有限且延迟较高的挑战，需要开发和优化高效的数据压缩和传输协议，并结合带宽管理、流量控制、缓存和预取等技术，最大化地利用有限的带宽资源，保证数据的完整性和实时性。

船舶网络面临着越来越多的网络安全威胁，包括黑客攻击、恶意软件和内部威胁。软件技术需要不断更新和提升，以应对日益复杂和多样化的网络攻击。确保网络安全的软件解决方案必须具备高度的敏捷性和防护能力，能够快速识别和阻止各种威胁。

1. 快速识别和响应

（1）实时监控和检测

船舶网络安全软件必须具备实时监控和检测能力，能够及时识别网络中的异常活动和潜在威胁。这种能力依赖于先进的入侵检测系统（IDS）和入侵防御系统（IPS），通过这些系统，网络管理员可以实时监控网络流量，快速发现并记录可疑行为。例如，当网络流量中出现异常的峰值或检测到未经授权的访问尝试时，IDS/IPS系统能够立即识别这些异常活动。系统随即发出警报，详细描述发现的问题，包括具体时间、受影响的设备和可疑行为的性质。这些警报会通过多种方式（如电子邮件、短信或控制台通知）及时传达给网络管理员，确保他们能够迅速了解情况并进行调查和响应。这种实时监控和检测能力不仅能够帮助船舶网络在早期阶段发现潜在的安全威胁，还能通过快速响应措施防止问题进一步扩大，保障网络的安全性和稳定性。通过高效的实时监控和检测，船舶网络安全软件能够提供强有力的防护，确保网络在复杂和多变的海上环境中始终处于安全状态。

（2）威胁情报整合

整合全球威胁情报信息能够显著提升船舶网络安全系统的防护能力，帮助其快速识别最新的威胁模式和攻击手段。通过订阅多种威胁情报源，安全软件可以持续接收最新的恶意软件签名、攻击IP地址以及其他相关信息。这样，安全系统可以在第一时间更新其防护策略和规则，防御新出现的攻击。例如，当某个新的恶意软件在全球范围内爆发时，威胁情报源会迅速发布其特征和防护措施，网络安全软件可以立即更新其病毒库和防护机制，确保船舶网络不受该威胁的影响。此外，这种情报整合还可以帮助识别和封锁来自已知攻击源的流量，通过关联分析，将分散的攻击行为整合成有意义的威胁情报，提前预警潜在的复杂攻击。通过这种实时的情报共享和更新，船舶网络安全系统能够更加主动和迅速地应对日益复杂的网络威胁，保障船舶在航行过程中始终保持高水平的安全防护。

2. 多层次防护

（1）防火墙和入侵防御

防火墙是网络的第一道防线，通过预设的规则过滤进出网络的数据流量，阻止未经授权的访问。入侵防御系统（IPS）则可以进一步分析通过防火墙的数据，识别并阻止复杂的攻击，如 SQL 注入和跨站脚本攻击。

（2）数据加密

为了保护敏感数据，船舶网络必须使用强大的加密技术。在数据传输过程中，使用端到端加密（如 SSL/TLS）可以有效地防止数据被窃取或篡改，这些协议通过加密传输数据，确保在数据从发送方到接收方的整个过程中保持机密性和完整性，即使数据被拦截也无法被解读。在数据存储方面，使用加密硬盘和数据库加密技术也至关重要，这些技术确保数据在存储时以加密形式保存，只有经过授权并具有正确密钥的人才能访问数据。即使物理介质（如硬盘或存储设备）丢失或被盗，未经授权的人员也无法读取其中的加密数据。这种双重加密措施——传输加密和存储加密——为船舶网络提供了全面的安全保障，有效地防止了数据泄漏和篡改的风险，确保敏感信息在复杂和高风险的海上环境中依然能够得到严密保护。

3. 内部威胁防护

（1）访问控制

严格的访问控制是防范内部威胁的关键。通过角色基于访问控制（RBAC）和多因素认证（MFA），可以确保只有经过授权的人员才能访问敏感信息和关键系统。RBAC 根据用户的角色分配访问权限，使得每个用户只能访问与其工作职责相关的资源，从而减少了无关人员接触敏感数据的机会。MFA 则增加了一层安全性，通过要求用户在登录时提供多种验证信息（如密码、指纹、手机验证码等），进一步防止未经授权的访问。定期审核用户权限是保持系统安全的重要措施。通过定期检查用户的访问权限，可以确保所有权限设置符合当前的安全策略和工作需求。及时撤销不再需要的访问权，特别是当员工离职或职责变更时，可以有效减少潜在的内部威胁。定期审核还可以发现和纠正权限配置中的错误和不一致，防止因为权限滥用而引发的安全问题。

结合 RBAC 和 MFA，再加上严格的权限审核机制，能够构建起一个强大的内部安全防线。这不仅防止了内部人员滥用权限，还能有效应对外部攻击者通过获取内部访问权限进行的非法活动。通过这些措施，船舶网络可以显著降低内部威胁的风险，确保关键系统和敏感信息的安全。这些访问控制措施还提高了整体网络安全管理的透明度和可控性，使得安全策略的执行更加规范和有效。在复杂的海上环境中，这种严密的访问控制机制是保障船舶网络安全的基石。

（2）安全审计和日志管理

全面的安全审计和日志管理使网络管理员能够追踪所有的访问和操作记录，有效提升了网络的安全性。安全审计有助于识别异常行为和潜在的内部威胁，并在问题发生时提供有价值的调查线索。这不仅包括检测未经授权的访问，还能发现频繁失败的登录尝试、异常的数据传输量等可疑活动。日志管理系统则需要具备长时间存储和快速检索功能，确保管理员能够及时获取所需信息进行分析和应对。这些日志记录应包括详细的时间戳、用户ID、操作类型和影响的资源等信息，以便全面审视和评估安全事件。结合这些详细的记录和高效的检索功能，管理员能够迅速反应，及时采取措施，防止安全问题扩大。全面的安全审计和日志管理不仅增强了问题溯源能力，还为未来的安全策略制定和改进提供了宝贵的数据支持。在复杂的海上环境中，这种机制为保障船舶网络的整体安全性和稳定性提供了坚实的基础。

4. 定期更新和漏洞管理

（1）安全补丁管理

定期更新软件和系统，安装最新的安全补丁，是防止已知漏洞被利用的关键。自动更新机制和补丁管理工具确保所有设备始终处于最新安全状态，减少被攻击的风险。通过自动检测、下载和安装更新，这些工具不仅提高了更新效率，还降低了人为错误的可能性。保持系统最新状态，船舶网络能够更有效地抵御潜在的安全威胁，确保网络安全。

（2）漏洞扫描和渗透测试

定期进行漏洞扫描和渗透测试，可以发现并修复网络中的潜在弱点。通过模拟真实攻击，这些测试能够评估网络的防御能力，识别安全漏洞和配置错误。及时修复发现的问题，确保网络防护措施到位，提升整体安全性。这样，网络管理员可以提前应对潜在的威胁，防止攻击者利用漏洞进行入侵，保障网络的安全与稳定。

5. 教育和培训

（1）网络安全意识培训

提高船员和相关人员的网络安全意识，通过定期培训让他们了解最新的安全威胁和防护措施至关重要。培训内容应涵盖如何识别和处理钓鱼邮件、社交工程攻击等常见威胁,使船员具备应对这些攻击的基本技能和知识。通过这些培训,人员能够及时识别可疑活动,采取适当的防护措施,减少因人为因素导致的安全漏洞,从而增强船舶网络的整体安全性。

(2)演练和模拟

定期进行网络安全演练和模拟攻击,可以帮助团队熟悉应对突发网络安全事件的流程和策略,提高整体响应能力。

借助多层次的安全措施和不断更新的技术,船舶网络能够有效应对日益复杂和多样化的网络攻击,确保网络系统的安全性和可靠性。这种综合防护策略大幅提升了船舶的安全防御能力,同时保障了其在复杂海上环境中的持续运营。多层次的安全措施和先进的技术手段相结合,不仅强化了整体防护体系,还提供了应对各类网络威胁的灵活性和适应性,确保船舶网络始终处于最佳安全状态。

(三)系统集成和兼容性

船舶网络系统通常由多种不同的设备和子系统组成,如何实现这些系统之间的无缝集成和兼容性是一个重大挑战。软件技术需要解决不同设备和协议之间的兼容性问题,确保各个系统能够协同工作,实现数据的顺畅流动和资源的共享。

1. 标准化协议和接口

不同设备和子系统往往采用不同的通信协议和数据格式,这可能导致兼容性问题。采用标准化的协议和接口可以大大减少这些问题。例如,使用行业标准的通信协议(如NMEA2000用于海洋电子设备),可以确保不同厂商的设备能够互通。标准化的接口不仅简化了设备之间的数据交换和指令传输,还使系统集成更加顺畅。通过统一的标准,系统能够更有效地协同工作,减少数据转换和处理的复杂性,提升整体效率和可靠性。

2. 中间件技术

中间件技术是解决异构系统兼容性问题的有效手段。中间件可以充当不同系统之间的桥梁,负责协议转换、数据格式转换和消息路由等任务。例如,使用消息队列中间件(如RabbitMQ或ApacheKafka),可以实现不同系统之间的异步通信和数据传输,确保各个子系统能够高效协同工作。通过中间件,各系统能够以统一的方式进行数据交换,而无须直接了解对方的具体实现细节。这种统一的接口极大地简化了新增设备和系统的集成过程,使得系统扩展变得更加便捷和灵活。此外，中间件还提供了可靠的消息传递机制和故障恢复功能，确保在系统部分故障或网络中断时，数据不会丢失，系统能够迅速恢复正常工作。这不仅提高了整体系统的可靠性和稳定性，还提升了数据处理和传输的效率。在复杂的船舶网络环境中，中间件技术通过其强大的集成能力和灵活性，为实现系统间的无缝协作提供了坚实的技术基础。

3. 数据汇聚和转换

为了实现数据的顺畅流动和资源的共享，需要对来自不同系统的数据进行汇聚和转换。数据汇聚工具可以收集来自各个子系统的数据，将其转换为统一的格式，并进行处理和存储。例如，使用数据汇聚平台（如 ApacheNifi），可以对多种格式的数据进行转换和处理，确保数据在各系统之间的顺畅流动。通过数据转换，保证了数据的一致性和完整性，为系统协同工作提供了可靠的数据基础。

4. 集成测试和验证

要实现系统之间的无缝集成和兼容性，离不开全面的集成测试和验证。集成测试通过模拟各种操作场景和数据流，全面测试不同设备和系统之间的交互，能够及早发现并解决兼容性问题。具体来说，集成测试需要创建一系列测试环境，涵盖所有可能的操作条件和异常情况。例如，在船舶网络系统中，测试环境可以包括不同的网络负载条件、设备故障模拟、数据丢失和延迟等情景。在这些模拟环境中，测试人员可以观察系统如何处理实际操作中的数据流和指令传输。例如，测试导航系统与通信系统的交互，确保导航指令能够准确传输并及时响应；测试监控系统与数据存储系统的配合，确保监控数据能够实时存储并在需要时快速检索。通过这些测试，可以识别出系统之间潜在的不兼容或错误，及时进行调整和修复。集成测试还包括压力测试和负载测试，以验证系统的整体性能和稳定性。在压力测试中，系统将面临极限负载，以评估其在高负荷下的表现。负载测试则通过逐步增加负载，确定系统的最佳运行条件和容量。通过这些测试，能够验证系统在实际运行中的表现，确保在高流量和复杂环境下依然能够高效协同工作。集成测试还涉及连续集成和持续交付（CI/CD）实践，确保在每次代码更新后自动运行测试，快速发现和解决问题。这种自动化测试方法不仅提高了测试效率和覆盖率，还减少了手动测试的时间和误差。

全面的集成测试和验证不仅能够帮助发现和解决兼容性问题，还能确保系统的整体性和稳定性。通过模拟真实操作场景、进行压力和负载测试，以及采用自动化测试工具，系统能够在实际运行中高效协同工作，提供可靠的服务。这对于船舶网络系统这样的复杂环境尤为重要，能够确保各个子系统无缝集成，实现数据的顺畅流动和资源的共享。

5. 安全性和稳定性

在实现系统集成时，必须同时考虑安全性和稳定性。软件技术需要确保数据传输的安全性，防止未经授权的访问和数据泄漏。例如，使用加密技术（如SSL/TLS）保护数据传输，确保数据在传输过程中无法被窃取或篡改。采用严格的认证和授权机制，可以有效控制访问权限，确保只有经过授权的人员和系统才能访问敏感信息。同时，系统集成方案必须具备高可用性和容错能力，通过冗余设计和自动故障切换机制，确保在发生故障时能够迅速恢复，保持系统的稳定运行。这样的综合措施不仅提高了系统的安全性，防止潜在的安全威胁，还增强了系统的可靠性和连续性，确保在复杂和多变的环境中依然能够提供稳定、高效的服务。

6. 动态配置和管理

为了适应不断变化的需求和环境，船舶网络系统需要具备动态配置和管理能力。软件技术必须提供灵活的配置管理工具，支持设备和系统的动态添加和配置调整。例如，使用基于容器化技术（如Docker）的部署方案，可以快速部署和更新系统组件，提高系统的灵活性和扩展性。容器化技术将应用及其依赖项打包到一个独立的容器中，使其能够在任何环境中一致运行，简化了部署过程并减少了环境差异问题。

容器编排工具（如Kubernetes）可以实现自动化的部署、扩展和管理，使系统能够根据负载情况动态调整资源分配，确保高效运行。配置管理工具（如Ansible、Chef或Puppet）自动化配置过程，确保设备和系统保持一致的配置状态，减少手动配置的错误和工作量，提高系统响应变化的速度。灵活的配置和管理能力还意味着系统能够迅速适应新技术和新设备的引入，避免复杂的集成和调整过程。当需要增加新设备时，系统可以通过预定义的配置模板和自动化工具，快速完成添加和调整，确保新设备立即投入使用并与现有系统无缝集成。

在复杂的海上环境中，这种动态配置和管理能力尤为重要。船舶网络系统需要应对多变的海况、通信条件和任务需求，灵活地配置管理工具和容器化部署方案提供了必要的技术支持，使系统持续稳定地运行，满足各种动态需求。通过这些先进的软件技术，船舶网络系统不仅提高了灵活性和扩展性，还增强了整体的可靠性和高效性。船舶网络系统的无缝集成和兼容性是一个复杂的挑战，需要综合运用标准化协议和接口、中间件技术、数据汇聚和转换、集成测试和验证、安全性和稳定性保障以及动态配置和管理等多种技术手段。通过这些措施，可以实现各个系统之间的高效协同工作，确保数据的顺畅流动和资源的共享，从而提升船舶网络系统的整体性能和可靠性。

（四）可靠性和维护

由于船舶通常在远离陆地的海上运行，网络系统的可靠性和维护难度显著增加。软件需要具备高度的可靠性和自我修复能力，以确保在无人干预的情况下长时间稳定运行。这要求软件能够自动检测和修复故障，通过内置的健康监测和故障恢复机制，最大限度地减少停机时间。例如，利用冗余设计和自动切换技术，当一个组件出现故障时，系统可以迅速切换到备用组件，确保网络服务不中断。软件的远程维护和更新能力也是一个重要的技术挑战。在海上，网络带宽有限且延迟较高，因此必须确保更新过程高效、安全。远程维护系统需要支持差分更新和断点续传技术，以减少更新所需的带宽和时间。这种技术能够在网络条件较差时，通过分段传输和断点续传，确保更新包完整传输并成功应用。此外，采用加密传输和多因素认证，保证更新过程的安全性，防止未经授权的更新操作。为了进一步提升远程维护的效率，软件还应具备远程诊断和故障排除功能。通过实时监控和日志分析，管理员可以远程识别和定位问题，并进行相应的调整和修复操作。这种能力不仅减少了对现场维护的依赖，还提高了问题解决的速度，确保船舶网络在各种复杂环境中保持稳定运行。

船舶网络系统的可靠性和远程维护能力至关重要。通过高度可靠和自我修复的软件设计，结合高效、安全的远程维护和更新技术，确保系统在无人干预的情况下长时间稳定运行，适应海上复杂多变的环境。

软件技术在船舶网络工程中发挥着不可或缺的作用，涵盖了从网络架构设计、数据传输管理到网络安全和性能优化等多个方面。然而，面对复杂的海上环境、带宽和延迟限制、网络安全威胁、系统集成兼容性以及可靠性和维护等挑战，软件技术必须不断创新和提升。通过克服这些挑战，工程师可以构建一个高效、可靠、安全的船舶网络系统，满足现代船舶运营和管理的多样化需求。

第 2 章　船舶网络拓扑与架构设计

船舶网络拓扑结构分析

船舶网络拓扑是指船舶上各个网络设备和子系统之间的连接方式和结构布局。它描述了不同设备如何通过物理和逻辑连接形成一个整体网络系统，以实现高效的数据传输和资源共享。船舶网络拓扑不仅包括设备的物理布局（如交换机、路由器、传感器和终端设备的连接方式），还涵盖数据传输路径、协议选择以及网络管理和安全措施。

一、物理拓扑

（一）星形拓扑

在星形拓扑中，所有设备都连接到一个中央集线器或交换机。这种结构简化了网络管理和故障诊断，因为每个设备都通过中央节点进行通信，任何设备的故障都不会影响其他设备的连接，从而便于问题的隔离和解决。然而，中央节点的故障会导致整个网络瘫痪，因为所有数据传输都依赖该节点。因此，必须确保中央节点的高可靠性。

为了提高中央节点的可靠性，通常可以通过冗余设计来实现。冗余设计包括以下几种方法。

1. 双重集线器或交换机

在网络中设置两个集线器或交换机作为中央节点，通过彼此备份来提高系统的可靠性。当一个集线器或交换机发生故障时，备用的设备能够立即接管其任务，确保网络的连续运行。这种冗余设计有效地防止了单点故障导致的网络瘫痪，保障了数据传输的稳定性和系统的高可用性。通过实现中央节点的冗余备份，网络管理员能够更好地维护网络的正常运行，减少因设备故障带来的风险，特别是在需要高可靠性和稳定性的应用场景中。

2. 链路冗余

每个设备可以通过多条连接线路连接到中央节点，这种冗余设计可以确保即使一条线路发生故障，数据仍然能够通过其他线路传输，从而保持网络的稳定性。这种多路径连接增强了网络的可靠性和容错能力，有助于防止单点故障导致的网络中断，确保持续的数据传输和系统运行。

3. 冗余电源

为中央节点提供冗余电源是确保网络持续运行的重要措施。通常采用双电源供应系统，每个电源可以独立供电，确保即使一个电源失效，另一个电源仍能正常工作。这种冗余设计大大提高了中央节点的可靠性，因为电源故障是导致网络中断的常见原因。通过双电源配置，可以避免单点电源故障引发的全网瘫痪，确保网络设备持续供电，保障数据传输的连续性和系统运行的稳定性。此外，冗余电源系统通常配备自动切换机制，当检测到一个电源出现故障时，系统会自动切换到备用电源，无须人工干预，进一步提高了网络的高可用性和容错能力。这种设计在需要高可靠性和稳定性的应用场景中尤为重要，确保网络在各种情况下都能保持正常运行。

4. 热备份设备

使用热备份设备，当主设备发生故障时，备用设备可以无缝接管，避免网络中断。这种方式通过实时同步主设备和备用设备的数据和状态，确保在主设备失效的瞬间，备用设备能够立即接替其工作，不影响网络的正常运行。热备份机制尤其适用于高要求的网络环境，确保数据传输的连续性和可靠性。通过这一设计，系统能够在设备故障时迅速恢复功能，极大地提高了网络的高可用性和稳定性，满足关键业务和应用对持续服务的需求。

5. 定期维护和监控

定期对中央节点进行维护和监控，及时发现和修复潜在问题，至关重要。采用网络监控工具实时监测中央节点的运行状态，可以确保在问题出现之前进行预防性维护。通过这种主动监控和维护措施，网络管理员能够迅速识别并解决潜在故障，防止小问题演变成重大故障，确保网络的持续稳定运行。

这些冗余设计和维护措施显著提高了中央节点的可靠性，减少了因单点故障导致的网络瘫痪风险，从而确保星形拓扑结构的高效运行和稳定性。这种设计在船舶网络中尤为重要，因为海上环境复杂多变，网络的高可用性和高可靠性至关重要。冗余和维护的结合不仅提升了系统的整体性能，还增强了船舶在各种严苛条件下的通信保障能力。

（二）环形拓扑

环形拓扑将所有设备连接成一个环，每个设备都有两个连接点，使数据可以在两个方向上传输。这种双向数据传输路径提高了网络的可靠性，因为即使一个连接点出现故障，数据仍然可以通过相反方向的路径继续传输，从而保持网络的连通性。这种冗余特性使环形拓扑在需要高可靠性的网络环境中得到了广泛应用。环形拓扑的一个显著优势是其容错能力。在单点故障的情况下，网络能够自动重新路由数据，确保信息传输不中断。例如，如果某个设备或连接出现问题，数据包可以沿相反方向绕过故障点，继续到达目标设备。这种自愈能力极大地增强了网络的稳健性和可靠性，特别适合于关键任务应用，如船舶导航系统、工业控制系统等。然而，环形拓扑的配置和管理较为复杂，需要专业的技术人员进行维护。

1. 配置复杂性

在环形拓扑中，每个设备都需要正确配置以确保数据可以双向传输，这通常涉及复杂的路由设置和数据传输协议的调试。每个设备不仅要能够处理来自两个方向的数据，还需要具备先进的故障检测和切换机制，以便在出现故障时能够自动调整数据路径，确保网络的连续性和可靠性。这意味着设备必须能够持续监测其连接状态，实时检测到任何连接中断或数据包丢失的情况。一旦检测到故障，设备必须迅速切换到备用路径，重新路由数据以绕过故障点，确保信息传输不中断。这种高水平的自动化和智能化要求不仅增加了设备的配置复杂性，还需要设备具备强大的处理能力和高度可靠的软件系统。此外，设备间的协调和同步也至关重要，以避免数据包在环路中出现重复或丢失，保持网络的稳定运行。环形拓扑的实现需要精密地配置和管理，但其带来的高可靠性和冗余能力对于关键任务网络环境是无价的。

2. 网络同步

环形网络中的设备必须保持同步，以确保数据传输的顺利进行。数据包在环形网络中循环传输时，任何设备的时钟偏差或同步问题都会影响整个网络的性能和可靠性。为了维持同步，通常需要使用专门的同步协议和时钟校准技术。同步协议，如IEEE1588精确时间协议（PTP）和网络时间协议（NTP），通过交换时间戳信息，使所有设备的时钟同步到一个精确的时间基准。PTP能够实现亚微秒级别的同步精度，适用于需要高精度时间同步的应用场景，而 NTP 则通过多层级时间服务器逐步校准设备的时钟，确保时间的一致性。

时钟校准技术则需要通过硬件和软件两方面的实现，调整设备时钟频率和相位，补偿传输延迟，确保所有设备保持同步。这种高水平的时间同步不仅避免了数据包在环形网络中出现重复或丢失，还提高了整个网络的稳定性和效率，确保数据能够准确、及时地传输，维持网络的高性能和可靠性。

3. 维护难度

由于环形拓扑的冗余路径和复杂配置，维护工作需要高度专业化。技术人员必须具备深入的网络知识和实际经验，能够快速识别和解决网络中的问题。处理环形网络的维护任务，如硬件更换或软件更新时，技术人员必须确保这些操作不会影响网络的整体性能和稳定性。这需要精确的操作和充分的准备，避免在更新或更换过程中引发网络中断或性能下降。此外，维护工作还应包括定期的系统检查和预防性维护，及时发现和解决潜在问题，保障网络的持续稳定运行。在这样复杂的网络环境中，技术人员的专业能力和快速响应能力是确保网络可靠性和高效运行的关键。

4. 故障检测和管理

环形拓扑需要先进的故障检测和管理工具，以实时监控网络状态，及时发现和处理故障。这些工具必须具备自动检测和报告故障的能力，通过持续监测网络流量和设备状态，迅速识别出任何异常情况，如数据包丢失、延迟增加或设备故障。一旦故障发生，管理工具应能够自动重新配置网络路径，利用环形结构的冗余特性绕过故障点，确保数据传输的连续性。除此之外，这些工具还应提供详细的故障报告，帮助技术人员分析和解决问题，预防类似故障的再次发生。具备历史数据分析功能的管理工具可以识别出潜在的弱点和趋势，进行预防性维护和优化，从而提高网络的整体稳定性和可靠性。这些先进的故障检测和管理工具对于维护环形网络的高效运行至关重要，特别是在关键应用场景中，它们确保了网络的持续可用性和高性能表现。

5. 高带宽需求

由于双向传输路径的设计能够有效分散数据流量，环形拓扑通常用于高带宽需求的环境。这种结构不仅提高了数据传输的效率，还增强了网络的容错能力，确保即使在某一段路径发生故障时，数据仍能通过另一方向传输。然而，这种优势也带来了更高的带宽和性能要求，以支持大规模的数据传输和高频率的数据包交换。为了满足这些需求，网络设备必须具备先进的处理能力和高吞吐量的硬件配置，同时需要高效的网络协议来管理数据流动和优先级。随着网络负载的增加，环形网络中的每个节点都需要处理更多的数据包，这就要求节点设备具有更高的性能和稳定性。为了实现这些性能要求，通常会采用高性能交换机和路由器，配备快速处理器和大量内存，并使用光纤等高速传输介质。此外，网络管理工具和监控系统必须能够实时分析和优化数据流，及时调整带宽分配和路由策略，以应对不断变化的网络条件。通过这些措施，环形网络能够在高带宽需求的环境中保持高效运行，满足各类复杂应用的需求。

在船舶网络中，环形拓扑的可靠性和冗余特性尤为重要，因为船舶在海上运行时，需要一个高度可靠的通信网络来支持导航、安全监控和日常操作。尽管环形拓扑的配置和管理较为复杂，但其提供的高可靠性和自愈能力，使其成为船舶网络的理想选择。环形拓扑通过提供双向数据传输路径，提高了网络的可靠性，但其配置和管理的复杂性需要专业技术人员进行维护。虽然环形拓扑在设置和维护上具有挑战性，但其在可靠性和故障恢复能力方面的优势，使其在高要求的网络环境中（如船舶网络）成为不可或缺的选择。

（三）总线型拓扑

在总线型拓扑中，所有设备共享一条通信线路，这种结构以其简单和成本低廉的优势受到广泛使用。总线型拓扑只需要一条主干线路，所有设备通过这条线路进行通信，这种设计减少了布线和硬件成本，因此非常适合小规模、低成本的网络环境。然而，随着设备数量的增加，总线型拓扑的局限性逐渐显现出来，特别是在数据冲突和网络拥堵方面。

1. 数据冲突和网络拥堵

由于所有设备共享同一条通信线路，当多个设备同时尝试发送数据时，会产生数据冲突。每次冲突都会导致数据包丢失或需要重新传输，从而增加网络的延迟并降低整体效率。以太网的早期版本（如 10Base2 和 10Base5）使用冲突检测机制（CSMA/CD）来解决这个问题，但这种机制在高负载条件下表现不佳。随着设备数量和网络流量的增加，冲突发生的频率也会增加，导致网络拥堵和性能下降。

2. 故障影响范围

在总线型拓扑中，总线的任何部分出现故障都会影响整个网络的运行。例如，如果总线中断或损坏，所有连接到该总线的设备都会失去通信能力。

这种单点故障的风险是总线型拓扑的主要缺陷之一。为了减少这种风险，可以在总线中引入冗余线路或使用更可靠的传输介质，但这会增加成本和复杂性。

3. 扩展性限制

总线型拓扑在扩展性方面存在明显的限制。随着设备数量的增加，网络的性能会逐渐下降，因为每个新设备的加入都会增加数据冲突的可能性和整体网络负载。这种增加不仅会导致更多的传输冲突和重新传输，进而降低网络效率，还会加剧网络的拥堵，使得数据传输变得更加缓慢和不稳定。总线的物理长度也有限制，超过一定长度后，信号衰减和时延问题将显著影响通信质量，导致数据丢失或传输错误。因此，总线型拓扑更适合小型、局域性的网络环境，其中设备数量有限且网络负载相对较低。这种结构在需要简单且低成本的部署场景中表现良好，但在需要高扩展性和高性能的大型网络中，则不适用。频繁扩展的大型网络更适合其他拓扑结构，如星形或环形拓扑，以提供更好的性能、可靠性和扩展能力。总线型拓扑的这些局限性使其在现代网络部署中逐渐被其他更为灵活和高效的拓扑结构所取代。

4. 网络管理复杂性

管理一个总线型拓扑的网络也具有挑战性。由于所有设备共享同一条通信线路，识别和解决网络问题变得更加复杂。任何设备的故障或网络中的数据冲突都可能影响其他设备的正常运行，导致整个网络的性能下降或中断。此外，总线型拓扑的结构特性意味着网络管理员必须特别注意避免总线过载和处理数据冲突，以维持网络的正常运行。这需要持续监控网络流量，及时发现和解决潜在的问题，以及优化设备配置和通信协议，以减少冲突和提高数据传输效率。因此，尽管总线型拓扑在某些场景下具有成本和布线优势，但其管理和维护的复杂性需要专业的技术知识和经验。

5. 应用场景和改进措施

尽管总线型拓扑有其局限性，但在一些特定场景中仍具有明显优势。它的简单性和低成本使其特别适合小型办公室或家庭网络。在这些环境中，网络负载通常较低，设备数量有限，因此总线型拓扑能够提供足够的性能和可靠性。其易于安装和维护的特点使得用户无须复杂的配置即可实现基本的网络连接，满足日常的通信和数据传输需求。此外，总线型拓扑的物理布线简单，不需要大量的电缆和昂贵的网络设备，这使得初始部署成本较低，非常适合预算有限的小型网络环境。在这种情况下，网络管理员可以通过简单的故障排除和基本的维护来保持网络的正常运行。尽管总线型拓扑在扩展性和高负载处理方面存在不足，但其低成本和易用性在小规模、低复杂度的网络中提供了一个实用的解决方案，满足了基本的连接需求并实现了有效的资源利用。

为了解决总线型拓扑的缺陷，可以采用一些改进措施。例如，通过引入智能集线器或交换机，可以有效地减少数据冲突和网络拥堵。使用更先进的传输介质（如光纤）可以提高网络的传输速度和可靠性。还可以结合其他拓扑结构，如星形拓扑，来增强网络的扩展性和故障恢复能力。

总线型拓扑以其简单和低成本的优势适用于特定的小规模网络环境。然而，随着设备数量的增加，数据冲突、网络拥堵和单点故障的风险会显现出来，限制了其在大型网络中的应用。通过采用改进措施和结合其他拓扑结构，可以在一定程度上克服这些局限性，提高总线型拓扑的性能和可靠性。

（四）混合型拓扑

混合型拓扑结合了多种基本拓扑结构的优点，提供了更大的灵活性和可扩展性。例如，可以将多个星形拓扑通过环形连接起来，形成一个更加可靠和高效的网络。这种设计利用了星形拓扑的集中管理和易于故障诊断的优势，同时通过环形连接增加了冗余路径，提升了网络的容错能力。具体来说，每个星形拓扑的中央节点可以通过环形连接互联，当一个节点或路径出现故障时，数据可以绕过故障点，通过环形结构的其他路径继续传输，从而确保网络的连续性和稳定性。

不同规模和复杂性的网络需求可以通过混合型拓扑更好地适应。在大型网络环境中，单一拓扑结构往往无法满足所有区域的需求，而灵活组合不同结构的混合型拓扑能够根据具体情况进行优化。例如，在一个企业网络中，核心部门可以使用星形拓扑来实现高效的集中管理，而外围部门则可以采用环形或总线型连接，以提高网络的冗余性和可靠性。这种灵活性使得网络设计更加多样化，能够更好地满足不同应用场景的需求，并且实现更高效和稳定的网络性能。通过这种组合，各个部分的网络不仅能够发挥各自的优势，还能相互补充，从而提升网络系统的整体效能和适应性。逐步扩展和升级是混合型拓扑的另一大优势。随着网络需求的增长，可以在现有拓扑的基础上添加新的节点和连接，形成更复杂的混合结构，而不需要重新设计整个网络。这不仅保护了原有投资，还减少了扩展和升级的复杂性和成本。此外，通过合理的规划和设计，网络管理员可以利用各个基本拓扑的管理工具和方法，有效地监控和维护网络，确保其高效运行。混合型拓扑的这种灵活性在不断发展的网络环境中尤为重要，能够适应变化并持续优化网络性能。

结合多种基本拓扑结构的优点，混合型拓扑提供了更大的灵活性和可扩展性。它不仅提高了网络的可靠性和容错能力，还能够适应不同规模和复杂性的需求，并支持逐步扩展和升级。在现代复杂的网络环境中，这种拓扑结构是一种非常有效和实用的设计选择。通过利用不同拓扑的优势，网络可以实现更高的性能、稳定性和管理效率，满足多样化的应用需求。

二、数据传输路径

（一）主干网络

主干网络是连接船舶内部各子系统的核心数据传输通道，承担着大量关键数据的传输任务。通常，主干网络使用高速、可靠的网络技术，如光纤或千兆以太网，以确保高带宽和低延迟。光纤网络以其极高的带宽和极低的信号衰减，被广泛用于需要传输大量数据的场景，而千兆以太网则提供了千兆比特每秒的数据传输速率，满足了绝大多数船舶网络的需求。

主干网络的性能和可靠性至关重要，因为它负责传输大量的数据，包括导航数据、监控视频流、通信信息以及其他关键操作数据。例如，导航系统依赖于实时更新的海图数据和定位信息，监控系统需要持续传输高分辨率视频数据，而通信系统则需要可靠的带宽来支持语音和数据通信。这些数据对船舶的安全运行和有效管理至关重要，因此主干网络必须具备高度的稳定性和可靠性。为了确保主干网络的高性能，通常会采用冗余设计，避免单点故障带来的风险。通过部署冗余光纤线路或使用多个交换机，主干网络能够在某个节点或线路出现故障时迅速切换到备用路径，确保数据传输的连续性。使用高性能路由器和交换机，可以提高数据处理能力和转发速度，减少网络延迟。主干网络的管理和维护也至关重要。采用先进的网络管理工具和监控系统，可以实时监测网络性能，及时发现和解决潜在问题，确保网络始终处于最佳状态。这些工具通常包括网络流量分析、故障检测、带宽管理等功能，帮助网络管理员优化网络配置，提高传输效率。

在船舶内部的各个子系统中，主干网络的稳定运行是保障船舶整体网络性能的基础。无论是导航、监控还是通信系统，都依赖主干网络的高效传输。因此，选择合适的网络技术、实施有效的冗余设计和进行专业的网络管理，是确保主干网络性能和可靠性的关键。通过这些措施，主干网络能够在复杂和多变的海上环境中，持续提供高效、可靠的数据传输服务，保障船舶的安全和高效运行。

（二）局域网（LAN）

局域网用于连接船舶内部的各个终端设备，如计算机、传感器和控制器。局域网通常采用以太网技术，通过交换机进行数据传输。为了提高网络的可靠性和可用性，可以在局域网中部署冗余交换机和冗余连接。

1. 以太网技术和交换机

以太网技术是局域网的基础，提供可靠、高速的数据传输。通过使用交换机，局域网能够有效管理网络流量，实现高效的数据包转发。交换机通过识别设备的 MAC 地址，将数据包准确发送到目标设备，减少冲突和拥塞，提高网络性能。

2. 终端设备连接

局域网连接船舶内部的各种终端设备，包括计算机、传感器和控制器，这些设备通过网线连接到交换机，实现数据的互通。例如，船舶的导航系统需要实时获取并处理位置和航行数据，监控系统依赖视频和传感器数据进行安全监控，而自动化控制系统通过控制器管理和优化船舶的各项操作。这些关键系统都依赖局域网进行高效的数据交换和通信，确保船舶在复杂的海上环境中安全、稳定地运行。

3. 冗余交换机

部署冗余交换机是提高局域网可靠性的关键措施之一。冗余交换机提供备用连接，当主交换机发生故障时，网络可以自动切换到备用交换机，确保数据传输不中断。这种冗余设计减少了单点故障的风险，提高了网络的可用性和稳定性。

4. 冗余连接

除了冗余交换机，冗余连接也是增强局域网可靠性的有效手段。通过在关键设备和交换机之间部署多条连接线路，可以确保即使一条线路出现故障，数据仍能通过其他线路传输。这种冗余连接不仅提高了网络的容错能力，确保任何单点故障都不会导致网络中断，还增强了整体数据传输的稳定性，提升了网络的可用性和可靠性，尤其是在需要高稳定性和持续性的数据传输环境中显得尤为重要。

5. 链路聚合

链路聚合技术（LACP）可以将多条物理连接线路聚合成一条逻辑线路，增加带宽和提高传输效率。通过链路聚合，局域网可以在冗余的基础上，进一步优化数据传输性能，提供更高的网络吞吐量。

6. 动态路由协议

使用动态路由协议（如 STP 或 RSTP）可以显著提高局域网的灵活性和可靠性。这些协议能够自动检测网络拓扑的变化，快速重新计算和配置路由路径，确保数据传输的连续性和稳定性。当网络发生故障时，动态路由协议可以快速响应，调整数据传输路径，绕过故障节点，恢复正常通信。这种自适应能力不仅减少了网络中断的时间，还提高了整体网络的容错能力，确保关键业务的持续运行和数据传输的高效稳定。

7. 网络监控和管理

为了确保局域网的高效运行，部署先进的网络监控和管理工具是必要的。这些工具能够实时监测网络性能，持续跟踪各个节点的运行状态，并在检测到故障时立即生成详细报告。这些报告可以帮助网络管理员快速识别和解决问题，防止小问题演变成严重的网络中断。通过网络监控和管理，管理员可以进行精细的带宽管理，确保关键应用获得优先传输权，避免网络拥堵。流量分析功能可以识别异常流量模式，预防潜在的安全威胁。此外，性能优化工具能够分析网络"瓶颈"，提供优化建议，如调整设备配置或升级硬件，以提高整体网络效率。通过这些全面的监控和管理措施，网络管理员可以保持局域网在各种工作负载下始终处于最佳状态，确保数据传输的可靠性和高效性，并提高整个网络的安全性和稳定性。

8. 安全性措施

局域网的安全性也是提高其可靠性和可用性的关键。通过部署防火墙、入侵检测系统（IDS）和访问控制机制，可以防止未经授权的访问和潜在的网络攻击。确保数据传输的安全性和设备的安全运行，是保障局域网稳定性的基础。

在船舶内部各终端设备的连接中，局域网发挥着至关重要的作用。通过采用以太网技术、部署冗余交换机和冗余连接、使用链路聚合和动态路由协议，以及实施网络监控和安全措施，可以显著提高网络的可靠性和可用性。这些方法确保了网络在复杂的船舶环境中高效运行，满足了导航、监控、通信等关键系统的需求。这样一来，即使在多变的海上条件下，船舶网络仍能保持稳定和高效的性能，确保各项操作的安全和顺利进行。

三、网络设备配置

（一）交换机和路由器

交换机和路由器是船舶网络的核心设备，负责数据包的转发和路由选择。交换机用于局域网内部的设备连接，通过识别 MAC 地址将数据包准确地发送到目标设备，实现高效的局域网数据交换。而路由器则用于连接不同网络段，通过识别 IP 地址选择最佳路由路径，确保跨网络的数据传输顺畅。为了确保网络的高可用性，可以部署冗余交换机和路由器，这样在一个设备出现故障时，备用设备能够立即接管其任务，避免网络中断。启用动态路由协议（如 OSPF 或 BGP）可以自动选择最佳数据路径，动态调整路由表，以应对网络拓扑的变化和故障的发生。这些协议通过不断交换路由信息，优化数据传输路径，确保网络流量在最优路径上传输，提高整个网络的效率和可靠性。此外，动态路由协议还能够平衡网络负载，防止某些路径过载，从而提升网络的整体性能。在船舶这样复杂多变的环境中，采用这些技术和策略不仅能保证网络的持续稳定运行，还能为各种关键系统提供高效可靠的数据支持。

（二）无线网络

无线网络在船舶中扮演着越来越重要的角色，特别是在船员的日常通信和移动设备的连接中。为了确保信号覆盖和连接质量，无线接入点（AP）应分布在船舶的各个区域，从机舱到甲板，再到居住区和公共区域，确保每个区域都能获得强信号和稳定连接。这种广泛分布的 AP 网络可以确保船员无论在船上任何位置都能享受到可靠的无线连接，提高工作效率和生活质量。为提高无线网络的可靠性，可以部署多个 AP，这些 AP 可以通过无线控制器进行集中管理。无线控制器能够实时监测各个 AP 的状态和性能，自动调整信道和功率设置，优化网络性能，减少干扰和信号重叠。此外，控制器还可以快速切换连接，确保当一个 AP 出现故障或过载时，设备能够无缝连接到其他 AP，保持网络的连续性和稳定性。无线控制器还支持高级网络管理功能，如负载均衡和用户管理，确保每个 AP 能够有效分配带宽，避免个别 AP 过载，从而提供一致的连接体验。通过这些措施，无线网络能够在复杂的船舶环境中提供高可靠性和高性能的连接，满足船员的通信需求和各种移动设备的连接要求，确保船上网络的高效运行。

四、通信协议选择

(一) TCP/IP 协议

TCP/IP 协议是现代网络通信的基础，适用于大多数船舶网络应用。TCP 提供可靠的数据传输，适用于需要高数据完整性的应用，如文件传输和远程控制。UDP 提供无连接的快速数据传输，适用于对实时性要求较高的应用，如视频流和语音通信。

1. TCP（传输控制协议）

TCP 提供可靠的数据传输，确保数据包按顺序到达，并且无丢失或重复。它通过建立连接（三次握手）和确认机制（ACK）来保证数据传输的完整性和可靠性。TCP 适用于需要高数据完整性的应用，如文件传输和远程控制。在船舶网络中，文件传输需要确保每个数据包都准确无误地到达目的地，TCP 的错误检测和重传机制能够满足这一要求。此外，远程控制应用需要稳定和可靠的数据流，以保证指令能够准确传达和执行，TCP 的流量控制和拥塞控制功能能够提供稳定的传输环境。

2. UDP（用户数据报告协议）

UDP 提供无连接的快速数据传输，没有连接建立和维护的开销，适用于对实时性要求较高的应用，如视频流和语音通信。UDP 传输数据时，不会等待接收方的确认，因此延迟较低，非常适合实时应用。在船舶网络中，视频流需要低延迟和连续的数据传输，以确保流畅的播放体验。UDP 的无连接特性使其能够在短时间内传输大量数据，减少了等待时间。语音通信同样依赖低延迟的传输，UDP 能够快速传输语音数据，确保通话的实时性和清晰度。

3. 综合应用

在船舶网络中，TCP 和 UDP 通常结合使用，以满足不同应用的需求。例如，导航系统中的数据更新和远程控制通常使用 TCP 来保证数据的准确性和可靠性；而监控系统的视频流和船员之间的语音通信则使用 UDP，以确保低延迟和实时性。通过合理选择和配置这两种协议，船舶网络能够在保证数据传输可靠性的同时，实现高效和实时的通信。

4. 性能优化

为了进一步优化 TCP 和 UDP 在船舶网络中的性能，可以采取以下措施：

（1）TCP 优化：提高 TCP 传输效率的方法包括使用快速重传和快速恢

复算法、增加窗口大小以及减少 RTT（往返时间）。快速重传和快速恢复算法能够在检测到数据包丢失时迅速重传丢失的数据包，并快速恢复数据传输速度，减少传输中断时间。增加窗口大小可以提高数据传输量，使 TCP 能够在较短时间内传输更多数据，从而提高整体传输效率。减少 RTT 则有助于缩短数据包的往返时间，降低延迟，提高传输速度。通过这些方法，TCP 传输效率得以显著提升，确保数据可靠、快速地传输。

（2）UDP 优化：在应用层实现丢包重传和错误校正机制，可以在不显著增加延迟的情况下提高数据传输的可靠性。通过在应用层加入这些功能，当检测到数据包丢失或错误时，系统可以快速重传缺失的数据包，或使用错误校正码来修复错误数据。这种方法避免了底层协议重新传输整个数据流的开销，减少了因重传导致的延迟。同时，错误校正机制能够主动修复传输中的数据损坏，进一步提高传输的完整性和可靠性。这些措施确保了即使在不稳定的网络环境中，数据传输仍然具有高效性和高可靠性，适用于对实时性和数据完整性要求较高的应用。

这些优化措施使船舶网络能够更好地利用 TCP 和 UDP 协议的优势，确保各种应用在不同场景下的高效运行。TCP/IP 协议在船舶网络中起着至关重要的作用。TCP 提供了可靠的数据传输，适用于高数据完整性要求的应用，而 UDP 则以其低延迟的特点满足了实时性要求高的应用。合理应用和优化 TCP 与 UDP，使船舶网络能够实现高效、可靠和实时的通信，满足各种复杂应用的需求。

（二）专用海事通信协议

专用海事通信协议（如 NMEA2000）针对船舶环境进行了优化，适用于导航、自动化和监控系统。NMEA2000 协议具有抗干扰能力强、实时性高等特点，适用于连接各种海事电子设备。

1. 抗干扰能力强

NMEA2000 协议设计考虑了船舶环境中的复杂电磁干扰。通过采用差分信号传输和屏蔽电缆，NMEA2000 能够有效抵御电磁干扰，确保数据传输的稳定性和可靠性。在船舶上，电子设备众多，电磁环境复杂，抗干扰能力强的 NMEA2000 能够确保通信不受干扰影响，维持高质量的数据传输。

2. 实时性高

高实时性的 NMEA2000 协议能够在毫秒级别内传输数据，满足船舶导航、自动化和监控系统的实时要求。实时数据传输对于船舶安全运行至关重要，例如导航系统需要实时更新位置和航向数据，自动化系统需要即时响应传感器信息，监控系统需要实时传输视频和警报数据。NMEA2000的高实时性保证了这些系统能够及时获取和处理必要的信息，确保船舶在复杂多变的海上环境中安全高效地运行。

3. 网络拓扑灵活

支持多种网络拓扑结构，包括总线型、星形和混合型拓扑，使得NMEA2000系统设计更加灵活，可以根据具体应用需求进行定制。这种灵活性允许NMEA2000协议适应不同规模和复杂度的船舶网络，无论是小型船舶还是大型商船，都能利用该协议进行高效的数据通信。例如，在小型船舶中，总线型拓扑可以简化布线和降低成本，而在大型商船中，星形或混合型拓扑可以提供更高的可靠性和冗余性。这种灵活设计不仅提高了网络的适应性和可扩展性，还确保了各种设备能够无缝集成和高效通信，从而满足船舶运行中多样化和复杂的通信需求。

4. 设备互操作性强

NMEA2000协议是一种标准化的通信协议，确保不同厂商的海事电子设备能够无缝互操作。这意味着船舶上的各种设备，如GPS、雷达、自动识别系统（AIS）和发动机监控系统，都可以通过该协议进行通信和数据共享。这样，系统的集成度和操作效率得到了显著提高，设备之间的信息交流更加顺畅，船员能够更便捷地监控和管理船舶的各项功能，从而提高了整体的安全性和运行效率。

5. 可扩展性高

NMEA2000协议设计支持系统的扩展，能够轻松添加新设备和功能，而无须大幅修改现有网络结构。这种可扩展性使得船舶网络能够随需求变化进行升级和扩展，保持技术先进性和功能完备性。例如，船舶可以在需要时增加新的传感器或控制设备，通过简单连接到NMEA2000总线，立即实现与现有系统的集成和通信。

6. 低功耗设计

采用低功耗设计的NMEA2000协议特别适用于船舶环境中对能源效率有严格要求的设备。通过优化协议和硬件设计，这些设备能够在保证高性能和高可靠性的同时，最大限度地降低功耗，从而延长设备使用寿命并减少能源消耗。这种设计不仅有助于降低运营成本,还能够支持环保和可持续发展的目标,确保在严苛的海上环境中设备能够持续稳定地运行。

7. 数据完整性和可靠性

内置数据完整性检查和错误校正机制的NMEA2000协议确保传输数据的准确性和完整性。即使在恶劣的海上环境中,这些机制也能够提供高可靠的数据传输,防止因干扰或信号衰减导致的数据丢失或错误。通过实时监测和校正传输过程中的错误,NMEA2000保障了关键系统的稳定运行和安全操作。例如,导航系统依赖于准确的位置信息,监控系统需要可靠的视频和传感器数据,自动化控制系统则要求精确地指令传输。内置的数据完整性检查和错误校正机制不仅提高了数据传输的可靠性,还增强了系统的整体稳定性,使得船舶在各种复杂和严峻的海上条件下依然能够高效、安全地运行。

凭借这些特点,NMEA2000协议在船舶导航、自动化和监控系统中发挥了重要作用。其抗干扰能力强、高实时性、灵活的网络拓扑、设备互操作性、可扩展性、低功耗设计以及高数据完整性,使得NMEA2000成为连接各种海事电子设备的理想选择。NMEA2000为船舶的安全和高效运行提供了可靠保障,确保在复杂海上环境中各系统能够无缝协作和高效通信。

五、安全性和稳定性

(一)网络安全措施

为了保护船舶网络免受外部威胁,可以部署防火墙、入侵检测系统(IDS)和入侵防御系统(IPS)。防火墙作为第一道防线,通过过滤进出网络的数据包,阻止未经授权的访问和潜在的恶意流量。它能够根据预定义的安全规则,允许或拒绝特定的数据传输,从而有效地防止外部攻击和内部威胁。

入侵检测系统(IDS)则用于实时监控网络流量,识别和记录异常活动。IDS通过分析网络数据包,检测可能的攻击行为,如端口扫描、恶意代码传输或其他可疑活动,并向网络管理员发出警报。虽然IDS本身不采取主动防御措施,但它提供了全面的网络监控和威胁识别能力。入侵防御系统(IPS)在功能上类似IDS,但更为主动。IPS不仅能够检测异常和潜在攻击,还能及时采取措施阻止这些威胁。例如,当IPS检测到某种类型的攻击时,它可以自动丢弃恶意数据包、阻断攻击者的IP地址或重新配置网络路径以隔离威胁。IPS的主动防御机制极大地增强了网络的安全性,能够在攻击发生的瞬间进行阻止和缓解。使用 VPN 技术可以保护远程访问和数据传输的安全。VPN 通过加密通道，将远程设备与船舶内部网络安全连接，防止数据在传输过程中被窃听或篡改。VPN 确保船员和远程管理人员能够安全地访问船舶网络资源，同时维护数据的机密性和完整性。

综合运用防火墙、IDS、IPS 和 VPN 等安全技术，船舶网络能够建立多层次的防护体系。防火墙负责初步过滤和访问控制，IDS 提供实时监控和威胁预警，IPS 进行主动防御，VPN 保障远程通信安全。这些措施共同作用，确保船舶网络在复杂和多变的海上环境中免受外部威胁，维持其稳定和安全地运行。

（二）冗余和容错设计

为了确保网络的高可用性，可以部署冗余网络设备和冗余连接，启用链路聚合（LACP）和快速生成树协议（RSTP）等技术，提高网络的容错能力。在关键节点和主干网络上实施冗余设计，可以在设备或连接故障时迅速切换到备用路径，确保网络的连续性。

1. 部署冗余网络设备和冗余连接

部署冗余网络设备（如交换机和路由器）和冗余连接是提高网络可靠性的关键方法之一。在这种设计中，每个关键设备都有一个备用设备，确保在主设备发生故障时，备用设备可以立即接管其任务，保持网络的正常运行。这种冗余机制不仅包括硬件设备，还涉及冗余电源和冗余链路的设置。冗余连接通过多条路径连接设备，确保即使一条线路出现故障，数据仍能通过其他线路传输，从而避免网络中断。这种冗余设计极大地减少了单点故障的风险，增强了网络的容错能力。通过分散数据流量、提供备份路径和自动故障切换，网络能够在各种故障情况下迅速恢复，保持高可用性和稳定性。特别是在关键业务环境中，如金融系统、医疗网络和船舶通信系统中，冗余设计确保了连续的业务运营和数据传输的可靠性。此外，实施冗余设计还需要配备先进的监控和管理工具，以实时检测和处理故障，优化网络性能，确保冗余设备和连接始终处于最佳工作状态。通过这些综合措施，网络的整体可靠性和容错能力得到了显著提升，满足了高可用性和稳定性的需求。

2. 启用链路聚合（LACP）

链路聚合控制协议（LACP）是一种将多个物理链路聚合成一条逻辑链路的方法，从而增加带宽和提高传输效率。通过链路聚合，网络能够实现负载均衡，分散数据流量，防止单条链路过载，提升整体网络性能和稳定性。链路聚合还提供了冗余性，当某条物理链路出现故障时，数据传输可以自动切换到其他链路，确保网络的连续性和可靠性。这种机制不仅提高了网络的吞吐量和响应速度，还增强了容错能力，减少了网络中断的风险，使得网络在高负载和复杂环境下依然能够稳定运行。

3. 使用快速生成树协议（RSTP）

快速生成树协议（RSTP）用于防止网络环路，同时提高网络的恢复速度。在传统生成树协议（STP）基础上，RSTP大幅缩短了网络拓扑变化后的收敛时间，从几十秒减少到几秒内。通过使用RSTP，网络可以快速识别和隔离环路，并在检测到链路或设备故障时迅速重新配置路径，恢复正常数据传输。这种快速响应能力确保了网络的高可用性。

4. 实施关键节点和主干网络的冗余设计

在关键节点和主干网络上实施冗余设计，可以显著提高网络的容错能力。关键节点（如核心交换机和路由器）以及主干网络是数据传输的关键路径，任何故障都会严重影响网络性能和整体运行。通过部署冗余设备和连接，可以确保在某个设备或连接出现故障时，备用设备和路径能够立即接管任务，保持网络的连续性和稳定性。结合链路聚合控制协议（LACP）和快速生成树协议（RSTP）技术，这种冗余设计进一步优化了网络性能和可靠性。LACP通过将多个物理链路聚合成一条逻辑链路，实现负载均衡和带宽增加，同时提供了链路冗余。RSTP则通过快速重新配置网络拓扑，防止环路，确保在拓扑变化时网络能够迅速恢复。综合运用这些技术，网络在面对设备故障、连接中断或高负载压力时，能够迅速响应并切换到备用路径，保证数据传输的不中断和高效进行。这种高容错能力对于关键业务和任务至关重要，确保网络在各种情况下都能稳定、高效地运行，满足严苛的性能和可靠性要求。

5. 监控和管理

为了最大化冗余设计的效果，必须配备先进的网络监控和管理工具。这些工具可以实时监控网络设备和连接的状态，及时发现和预警潜在故障，并在故障发生时自动执行切换操作。此外，定期进行网络健康检查和维护，确保所有冗余设备和连接处于良好工作状态，也是保障高可用性的关键。

6. 定期测试和演练

为了确保冗余设计在实际故障情况下能够正常运行，定期进行故障模拟测试和应急演练非常重要。这些测试和演练有助于发现和解决潜在的问题，确保冗余系统的可靠性和有效性。通过模拟各种可能的故障场景，网络管理员可以验证冗余设备和连接的响应能力，评估故障切换过程的顺畅度，并及时调整系统配置以优化性能。应急演练使团队能够熟悉应急操作流程，提高在突发情况下的反应速度和协调能力。通过这些预防性措施，网络能够在实际故障发生时迅速恢复，保持高可用性和稳定性，确保关键业务的连续性和数据传输的可靠性。通过部署冗余网络设备和冗余连接，启用链路聚合（LACP）和快速生成树协议（RSTP）等技术，可以显著提高网络的容错能力。在关键节点和主干网络上实施冗余设计，确保设备或接连发生故障时能够迅速切换到备用路径，保证网络的连续性和高可用性。

船舶网络拓扑结构的设计需要综合考虑物理拓扑、数据传输路径、网络设备配置和通信协议选择等因素。同时，必须注重安全性和稳定性，通过采用标准化协议、中间件技术和高效的集成测试，确保各子系统能够无缝协作，实现数据的顺畅流动和资源的共享。通过合理的拓扑结构设计和优化，可以显著提升船舶网络系统的性能和可靠性，确保其在复杂的海上环境中稳定运行。

基于软件技术的船舶网络架构设计

基于软件技术的船舶网络架构设计是一个涉及网络安全、数据通信和系统集成的复杂领域，对于现代航海尤为重要。

一、网络架构的重要性与功能

船舶网络架构设计的主要目的是确保船舶内各系统之间的高效、安全的数据交换，涉及导航系统、通信系统、机械和电子设备等。良好的网络架构设计能够提高船舶的操作效率，增强船舶的安全性，同时也支持遥控和自动化操作。在设计上，这通常意味着必须建立一个可靠且高性能的网络平台，使得船舶的各个系统能够实时、无缝地交换信息。例如，导航系统需要从通信系统中接收实时位置数据和天气更新，而机械系统则需根据这些信息调整操作。所有这些交换必须在一个安全的网络环境中进行，以防止数据被外部威胁截取或篡改。网络安全措施包括使用先进的加密技术来保护数据传输，实施严格的访问控制，以及部署网络监控工具以检测和响应潜在的安全威胁。

网络的设计还需要考虑冗余和故障转移能力，确保在某个部分出现故障时，系统仍能继续运行而不影响船舶的整体操作。

船舶网络架构设计要求一个综合考虑效率、安全和技术适应性的方法，以支持现代船舶在复杂多变的海上环境中的需求。

二、软件定义网络（SDN）

软件定义网络（SDN）技术在船舶网络架构设计中发挥着关键作用，它通过将网络控制层与数据转发层分离，实现了对网络的中心化管理。这种设计允许网络管理员从一个中央控制点动态地调整网络行为，而不需要对物理设备进行手动配置，从而提升了网络管理的灵活性和效率。

（一）动态资源分配

在船舶网络管理中，根据当前的网络状况和应用需求，网络管理员可以动态调整带宽分配和路由策略，以确保关键任务如导航和安全通信获得必要的网络资源。特别是在紧急情况下，这种能力显得尤为重要。例如，如果发生安全事故或严重天气状况，网络系统能够自动重新配置，增加关键系统的通信带宽，确保船舶能够有效地传达紧急信息并接收必要的导航更新。这种自适应网络配置不仅提高了应对紧急情况的能力，还优化了资源的利用效率，确保在关键时刻网络的可靠性和性能。通过软件定义网络技术，这一切都可以通过一个中心化的管理平台实现，大幅提升了船舶网络架构的灵活性和响应速度。

（二）优化数据传输路径

SDN 通过集中控制，可以实时监控网络状态并优化数据流的路径。这不仅减少了数据传输的延迟，还提高了数据交换的效率。在船舶网络中，这种优化可以确保从船舶传感器到控制系统的数据传输最为快速和直接，极大地提升了反应速度和系统效率。

（三）提高网络可靠性和安全性

在船舶网络设计中，实现灵活而精确的网络安全策略至关重要。通过采用软件定义网络技术，网络安全策略的部署变得更加灵活，能够支持细粒度的访问控制和迅速更新安全措施。这种设计对于应对不断变化的海上环境尤为关键，允许网络管理员迅速调整和优化安全设置以应对新的或不断演变的威胁。该架构下的网络监控系统具备高度的响应能力，可以实时检测并分析异常网络活动，从而快速采取措施以防止安全漏洞的利用。例如，在检测到未授权访问或异常数据流时，系统可以立即隔离受影响的网络段或设备，防止潜在的安全威胁扩散至关键系统。这种主动和预防性的安全措施极大提升了整个船舶网络的安全性，保障了船舶操作的持续稳定与安全。

（四）支持新技术和服务的快速集成

软件定义网络（SDN）提供的灵活性在船舶网络架构中是一个极具变革性的优势，尤其是在快速集成新技术和服务方面。这种灵活性源自 SDN 的核心特性，即通过软件控制网络行为而非依赖硬件。这使得在不更换物理设备的情况下，仅通过更新软件配置或策略，就能快速适应新的服务需求或技术进展。

在船舶运行环境中，技术的快速迭代和多样化的应用需求日益增长，如远程监控、自动导航、高级通信解决方案等。SDN 使得这些应用可以更快地部署和优化，提高了船舶对新技术的适应能力，同时降低了升级和维护的复杂性和成本。例如，新的安全应用可以迅速集成到网络中，以应对新出现的安全威胁，或者在引入新的数据分析工具以强化船舶性能管理时，SDN 能够确保网络的无缝支持。SDN 还能够支持更好的资源管理和优化，因为它可以根据实时数据和分析调整网络资源分配。这对于保持船舶运营效率和响应海上环境中不断变化的需求至关重要。这种快速响应和调整能力，不仅提升了船舶操作的灵活性和效率，也增强了整体的运营安全性和可靠性，从而为船舶提供了在技术前沿保持竞争力的必要条件。

三、网络分隔与虚拟化

考虑到船舶的安全需求和不同系统的操作特性，网络分隔成了一个重要的设计考虑点。通过虚拟局域网（VLAN）和网络虚拟化技术，可以将导航、通信和娱乐等系统分隔开来，从而避免潜在的数据干扰和安全风险。

（一）提高网络安全性

1. 隔离关键系统

实施网络分隔策略，尤其是区分船舶中的导航、通信等关键系统与娱乐等非关键系统，显著提升了网络的整体安全性。这种策略的核心优势在于，即便娱乐系统遭受网络攻击或受到恶意软件的感染，这些问题也不会扩散到船舶的核心操作系统。娱乐系统由于其较频繁的互联网连接需求，通常面临更高的安全风险。与之相对的导航和通信系统则承载着船舶的关键功能和敏感数据，对安全的要求极为严格。通过网络层面的逻辑隔离，可以有效保障即便娱乐系统被攻破，攻击者也难以进一步渗透到关键的导航和通信系统。此外，这种隔离措施有助于在发生安全事件时限制问题的扩散，允许对网络安全进行更集中和有针对性的管理，从而增强了整个网络架构的防御力，保证了船舶关键操作的连续性和安全性。

2. 限制访问

虚拟局域网（VLAN）是一种网络技术，它允许将一个物理网络分割成多个逻辑网络，每个逻辑网络在数据层面上彼此隔离。这种隔离使得 VLAN 非常适合实施严格的访问控制，确保只有经过授权的用户和设备才可以接入网络的特定部分。

（二）优化网络性能

1. 减少数据干扰

将不同类型的流量隔离到不同的 VLAN 中是一种高效管理网络资源和优化性能的策略。这种隔离机制特别适用于数据传输需求高的环境，如视频传输或大规模数据更新。通过在各自的 VLAN 中处理这些高带宽需求的流量，可以有效防止网络拥堵和性能"瓶颈"。例如，视频会议和实时数据传输可以配置在优先级较高的 VLAN 中，而常规的办公数据流量则可以在标准优先级的 VLAN 中传输。这样的配置确保了关键应用的流畅运行，不会因为其他较不重要的数据传输活动而受到干扰。VLAN 配置也有助于实现更细致的安全控制和策略实施，进一步提升网络的整体效率和安全性。这种方法不仅减轻了网络的负载，也提高了对关键业务功能的支持能力，确保在高需求情况下网络的稳定性和可靠性。

2. 提高响应速度

网络虚拟化技术在提升高响应速度系统的性能方面发挥着关键作用，特别是对于那些需要即时反应的系统，如船舶的导航和安全系统。通过这项技术，可以设置优先级策略，确保这些关键系统的数据包在网络中获得优先处理。在紧急情况下，如避碰或紧急避难，这种优先处理机制可以显著缩短数据处理和传输时间，从而允许系统快速作出反应。这不仅增强了船舶操作的安全性，也提高了遇到突发情况时的处理能力。网络虚拟化还提供了灵活的资源管理，允许网络管理员根据实时需求动态调整网络资源配置，进一步确保关键应用在需要时总能获得必要的网络支持。

（三）灵活的网络管理

1. 动态资源分配

网络虚拟化提供了一种高度灵活的方式来管理和分配网络资源，使网络管理员能够根据当前的需求和环境条件动态调整带宽和资源配置。这种技术允许对不同 VLAN 的资源进行精细调控，以优化网络性能和响应不同的业务需求。例如，在业务高峰时段，管理员可以增加至关键服务 VLAN 的带宽，如支持实时数据处理和交易系统的网络，而在需求较低的时候，可以将这些资源重新分配给其他区域。这种动态的资源管理不仅提高了网络的效率，还增强了网络的适应能力，使其能够更好地应对突发事件和变化，确保关键应用始终保持最佳性能。

2. 简化管理

逻辑上分隔网络简化了管理过程，使网络管理员能够从一个集中的位置控制所有 VLAN 配置。这种集中管理方式允许管理员细致地监控和调整各个独立网络的设置，从而更有效地应对船舶操作环境中的快速变化。这种配置不仅提升了网络管理的效率，还确保了在需要进行快速调整或响应时，网络资源可以被适时地重新分配和优化，保证关键操作的连续性和安全性。

通过这些方法，船舶可以确保网络的稳定性和安全性，同时提高整体操作效率和系统响应能力，为船舶提供了一个安全且高效的网络运行环境。

四、数据安全与加密

在船舶网络架构中，保证数据的安全性是至关重要的。这包括使用强加密算法保护数据传输，实施严格的访问控制策略，以及部署入侵检测系统（IDS）和防火墙等安全措施，以防止未授权访问和网络攻击。

（一）使用强加密算法

加密数据传输是确保信息安全的核心技术之一，特别是在数据可能通过不安全的网络环境传输时。使用强加密算法，如 AES（高级加密标准）和 RSA，是防止数据在传输过程中被窃取或篡改的有效手段。AES 是一种对称加密算法，广泛用于保护电子数据的机密性。它允许使用 128、192 和 256 位的密钥长度，提供了极强的加密强度，并且已被全球多个标准和组织采用。RSA 是一种非对称加密算法，主要用于数据传输的安全加密和数字签名。RSA 通过一对公钥和私钥来实施加密和解密，其中公钥可以公开，私钥则必须保密。当使用这些算法加密数据时，即使数据在传输过程中被拦截，没有正确密钥的第三方也无法解密和理解数据内容。这种加密保护不仅限制了数据泄漏的风险，还保护了数据的完整性，防止了数据在传输过程中被修改。因此，无论是敏感的商业信息、个人隐私数据还是关键的系统操作命令，在船舶等关键应用中加密技术都发挥着至关重要的作用。

（二）实施严格的访问控制策略

控制网络资源的访问是确保信息安全的基本策略之一，涉及复杂且多层次的认证机制。这些机制包括传统的密码验证、更高级的生物识别技术如指纹或面部识别，以及基于用户角色的访问控制系统。密码提供了最基本的保护层，而生物识别技术则通过独特的个人生理特征增加了一层额外的安全保障，难以被复制或窃取。基于角色的访问控制（RBAC）进一步细化了访问权限，根据用户的职责和需求分配对特定网络资源的访问权。例如，一个 IT 管理员可能有权访问服务器的控制面板，而普通员工只能访问内部文件共享服务。这种分层的安全策略不仅确保了网络资源的安全，还可以帮助组织实施更加精确和高效的信息安全管理，有效地防止了未授权的访问和潜在的内部威胁。

（三）部署入侵检测系统（IDS）

入侵检测系统（IDS）是网络安全架构中不可或缺的一部分，它们的主要功能是持续监控网络活动，以便自动检测和报告潜在的恶意行为或异常迹象。这些系统通过深入分析经过网络的数据流量，利用先进的算法来识别出与正常行为模式不符的活动或与已知恶意软件、攻击策略相关的特定签名。

IDS 的工作原理基于两种主要的检测技术：基于签名的检测和基于异常的检测。基于签名的检测依赖于更新的数据库，其中包含了各种已知的恶意软件特征和攻击模式的"签名"。当网络流量中的数据与这些签名匹配时，IDS 会触发警报。而基于异常的检测则更侧重于分析网络活动的正常模式，并将任何显著偏离这些模式的行为标记为潜在的威胁，这种方法在未知攻击或零日漏洞出现时尤为有效。现代的 IDS 还可以与其他网络安全组件，如防火墙和入侵预防系统（IPS），紧密集成，提供更全面的安全解决方案。当 IDS 检测到潜在的安全威胁时，它可以立即通知管理员或自动触发防御机制，如封锁可疑的 IP 地址或终止异常的会话，从而阻止攻击的进一步发展。通过这些复杂的监控和响应机制，IDS 极大地增强了组织对抗网络攻击和保护敏感数据的能力。

（四）使用防火墙

防火墙是维护网络安全的基石，扮演着网络防御的第一道关口。通过设定一系列精确的规则，防火墙能有效控制和监督网络中的数据流动，通过综合性的措施，船舶的网络架构能够抵御各种网络攻击和威胁，保障船舶系统的安全性和数据的完整性。这不仅保护了船舶上的关键操作系统，也保障了船舶和岸基设施之间的数据通信安全。

五、故障容忍与冗余设计

为了确保船舶在关键系统故障时仍能保持操作，网络架构需要具备高度的故障容忍能力和冗余设计。这可能包括备用通信链路、冗余的硬件设备以及自动故障转移机制，确保网络在部分组件失败时仍能继续运行。

（一）冗余设计

在船舶的网络架构中实现冗余是确保关键系统连续运行的基本策略。这通常包括使用双重或多重的硬件设备，如双网络接口卡、双服务器和多条通信链路。这样，如果主要设备发生故障，备用设备可以立即接管，从而无缝维持系统运行。

（二）备用通信链路

在船舶网络设计中，确保通信链路的冗余是至关重要的，这是因为稳定的通信是船舶安全、导航和操作的核心。冗余的通信链路设计通常包括多种通信技术的结合，如卫星通信、无线射频通信以及有线连接，确保在主通信链路失败时可以无缝切换至备用系统。

卫星通信提供了广泛的覆盖范围，使船舶在远离陆地的海域中也能维持通信连接。在主要的地面或近海通信设施不可用时，卫星通信成为关键的备用链路。无线射频通信，如VHF和HF无线电，虽然受到距离和气象条件的限制，但在近距离和紧急情况下非常有效，特别是用于船舶与船舶或船舶与海岸之间的直接通信。有线连接如光纤或铜缆在港口或靠近陆地时提供高速且稳定的数据传输。在设计时，通常会考虑到线路的物理分布，以避免所有线路都受到同一物理损害的风险。通过配置自动故障转移和负载平衡机制，这些通信系统可以在检测到主链路故障时，自动切换到最优的备用链路，从而保证关键数据的连续传输和操作的持续性。这种多层次的冗余设计不仅增强了船舶网络的可靠性，也大大提高了船舶在面对极端环境和技术故障时的适应能力。

（三）自动故障转移机制

自动故障转移是现代网络架构中一项至关重要的功能，特别是在需要保持高可用性和连续运行的关键系统中。这一机制使得系统能够在发生故障时，无须人工干预，自动切换到正常工作的应用系统，从而保障服务的不间断和数据的完整性。

（四）软件和系统级的冗余

在现代软件架构中，虚拟化和容器化技术是实现应用和服务高可用性的关键工具。虚拟化技术通过在单一的物理硬件上运行多个虚拟机（VMs）来优化资源使用和增强灵活性。这些虚拟机可以被配置以在发生硬件故障时自动迁移到另一台机器，保证服务的连续性。虚拟化环境支持快速地备份与恢复，使得系统管理更加高效。容器化则提供了一种更加轻量级的解决方案。与虚拟机相比，容器直接在操作系统层面进行隔离，减少了运行额外操作系统所需的资源开销。容器内的应用可以在几秒钟内启动，且因为容器之间相互独立，它们易于在不同的服务器和环境之间迁移。这种快速部署和移动性使容器非常适合持续集成和持续部署（CI/CD）的现代开发实践。通过这些技术，企业可以大幅提高其系统的冗余性和故障恢复能力，确保关键应用和服务即使在面临底层硬件故障时也能保持高可用性。此外，虚拟化和容器化的结合使用可以为企业提供一个灵活、可扩展的平台，支持快速开发和部署，同时优化IT资源的利用效率。

（五）定期维护和测试

定期的维护和系统测试是确保故障转移机制和冗余系统在关键时刻能够可靠工作的基础。这种维护不仅包括对硬件设备的常规检查，如服务器、网络设备以及其他关键组件的物理和功能状态，还涵盖了对通信链路的测试，确保数据可以在各系统间顺畅传输。更进一步，系统的测试应该包括模拟故障情况，这种模拟可以帮助揭示系统在实际发生故障时的反应能力和恢复速度。通过这种方法，可以预先发现潜在的弱点和配置错误，从而在问题真正影响到业务操作前进行修正。例如，可以通过故意断开服务器的电源或切断网络连接来测试系统是否能够自动切换到备用系统并维持运行。这些测试通常需要在业务低峰时段进行，以减少对正常运营的影响。此外，维护和测试的结果应详细记录并分析，以便进行持续的性能优化和风险管理。通过这些定期的维护和系统测试措施，组织能够确保其关键系统在面对突发事件时，可以快速有效地恢复，从而保护业务的持续性和数据安全。

这些措施确保了船舶网络架构即便在单个或多个组件故障的情况下也能维持高度的操作稳定性和安全性。这种设计显著提升了船舶操作的可靠性，并在紧急情况下有效保障了船员和货物的安全。

六、实时监控与管理

实时监控系统是船舶网络架构不可或缺的一部分，它可以提供网络性能的实时反馈，及时发现和解决网络问题。集成的管理平台可以帮助船舶工作人员监控网络状态，优化网络配置和性能。

（一）实时性能监控

1. 流量监控

实时监控系统通过不断跟踪船舶网络的流量，能及时检测到任何异常或不寻常的流量模式。这些异常可能表明存在未授权的访问或数据泄漏，对网络安全构成威胁。一旦发现这类异常情况，系统会立刻警告工作人员，使他们能够迅速响应，采取必要的安全措施。这些措施可能包括重新配置防火墙设置、关闭可疑的网络端口，或采取其他网络流量控制策略，以此来阻止安全漏洞的扩大和网络性能的下降。这种实时的网络监控和迅速响应机制是确保船舶网络安全和稳定运行的关键。

2. 速度追踪

系统对数据传输速度的监控是维护网络健康和效率的关键环节。通过这种监控，系统能够快速识别和诊断导致速度下降的原因，无论是硬件故障、软件配置错误还是网络拥堵。一旦检测到速度异常，相应的警报会立即触发，允许技术团队及时介入进行故障排除。这包括更换损坏的硬件组件、调整或更新网络配置设置，以及优化网络流量分配以解决拥堵问题。这样的实时反应机制不仅减少了问题的持续时间，还确保了数据传输的连续性和可靠性，从而保障了整个船舶网络系统的稳定运行和高效表现。

3. 连接质量分析

连接质量对于依赖卫星和无线技术的船舶通信至关重要。实时监控系统能够持续分析通信连接的稳定性，及时识别可能导致通信中断的问题。一旦监测到潜在的断链风险，系统会预警，使得船舶工作人员可以迅速采取应对措施，例如切换到备用通信链路，从而确保通信的连续性和船舶操作的安全。

4. 快速响应机制

实时监控系统的最大优势之一是能够提供快速响应机制。一旦检测到任何网络问题，系统会立即发出警报，允许船舶工作人员及时介入处理，从而最大限度地减少问题的影响范围和持续时间。

这些方面共同构成了实时监控系统在船舶网络管理中不可或缺的作用，确保了网络的稳定运行，从而支持船舶的安全和有效操作。

（二）问题及时解决

实时监控系统提供的数据是船舶网络管理的核心工具，使工作人员能够迅速识别并处理网络中的各种问题。这些问题可能包括通信链路断开、数据流量拥堵或硬件设备故障。当这些问题发生时，实时数据使得工作人员可以立即采取措施，如重新路由数据、增加带宽或更换故障设备。这种快速响应不仅减少了网络问题对船舶正常操作的干扰，还有助于维护船舶的通信安全和数据完整性。总之，实时监控是确保船舶网络可靠性和操作效率的关键因素，特别是在遇到复杂海上环境和高技术要求的情况下。

（三）网络配置优化

集成管理平台在船舶网络管理中发挥着核心作用，提供了一个中心化的界面，使工作人员能够有效地监控、调整和优化网络配置。这包括路由配置的精细调整、带宽分配的管理以及各种网络安全设置的实施。通过这个平台，工作人员可以根据实际海上通信的需求和当前环境，灵活调整网络参数。例如，如果某个区域的信号强度发生变化或船舶进入数据传输需求较高的任务阶段，管理平台可以通过增加特定链路的带宽，或者改变数据路由以避免拥堵区域，确保通信不受影响。安全设置也可以根据海上的特定威胁或安全需求进行调整，如增强防火墙规则或更新入侵检测系统，以防止未授权访问和其他网络安全风险。集成管理平台通过提供这些功能，不仅提高了网络的操作效率，也增强了网络的适应能力，使其能够在不断变化的海上环境中保持最优性能。这对于保证船舶的通信畅通和操作安全至关重要。

（四）预防性维护

预防性维护策略在管理船舶网络时起着关键作用，通过以下几种方式，管理平台能够帮助预测并防止网络问题，有效减少意外停机的风险。

1. 数据分析与问题识别

管理平台在船舶网络运维中扮演着核心角色,主要通过收集和深入分析各种网络运行数据,如流量模式、设备性能日志以及错误报告,来识别网络中的潜在问题点。这种数据驱动的分析非常有效,因为它不仅可以追踪到当前的网络状况,还能通过长期趋势分析揭示不易察觉的异常行为或性能逐渐下降的情况。通过这些洞察,管理平台能够及时向网络管理员发出预警,提示他们关注可能即将发生的问题,从而实现预防而非被动响应。这种预警机制极大地提高了网络的可靠性和稳定性,帮助船舶维持高效和安全的通信连接。

2. 趋势监测与预警系统

集成的监控工具在船舶管理平台中发挥着至关重要的作用,特别是在持续监控关键性能指标和设定阈值警报方面。这些工具能够实时追踪如网络延迟、带宽使用、设备负载等多种关键指标,一旦这些指标接近或超过预设的警戒线,系统便会自动触发预警。这种预警机制为技术团队提供了宝贵的时间窗口,使他们能够在问题成为更严重的故障或导致系统停机之前,及时进行诊断和干预。这些监控工具还支持深度数据分析,帮助技术团队理解问题的根本原因,并制定相应的解决策略。例如,如果监测到数据传输速度突然下降,系统不仅会报警,还可以提供可能的原因分析,如网络拥堵或硬件故障,从而使维护人员能够更有针对性地处理问题。这不仅提高了网络的整体运行效率,还显著减少了因响应不及时造成的负面影响,保证了船舶的持续运营和安全性。通过这种集成的监控和预警系统,船舶能够维持高效的网络性能和稳定的通信环境。

3. 自动化响应与故障修复

当管理平台检测到网络中出现初步问题迹象时,它能够自动执行一系列基础故障修复操作,这一功能显著提升了网络维护的效率和效果。例如,平台可以自动重新启动服务或应用程序,或者在必要时将操作切换到预先设定的应用系统。这种自动化处理不仅显著减少了人工干预的需求,也极大缩短了从问题发现到解决的总响应时间。此自动化策略确保即使在非工作时间或在人手不足的情况下,系统问题也能得到迅速解决,从而维持服务的连续性和稳定性。通过这样的机制,船舶的关键操作得以保障,减少了因系统故障可能导致的运营中断或安全风险。

4. 持续优化与调整

预防性维护在船舶网络管理中扮演着双重角色。首先，它涉及即时解决潜在的系统问题，防止它们发展成更严重的故障。更重要的是，预防性维护还包括利用长期收集的性能数据和用户反馈来进行系统的持续优化。管理平台在这一过程中起着关键作用，它能够分析历史数据，识别出性能"瓶颈"或效率低下的区域，并据此调整网络配置。例如，通过分析流量模式和带宽使用情况，管理平台可以优化路由规则，确保数据流在网络中的高效分配。此外，它可以调整带宽分配，为高需求应用提供足够的资源，同时限制低优先级流量的带宽使用，以防止不必要的拥堵。这种基于数据的网络调整不仅提高了网络的响应速度和处理能力，也增强了整个网络系统的稳定性和可靠性。通过这些持续的优化措施，预防性维护确保船舶的网络环境能够适应不断变化的运营需求和外部条件，从而保障船舶通信的无缝和安全。这种长期和系统化的维护策略是现代船舶网络管理不可或缺的一部分，关键在于通过智能化的数据分析和自适应的网络管理，能够持续提升整体网络性能和效率。通过这些策略，管理平台为船舶网络提供了一种全面的预防性维护方法，大大降低了因网络问题导致的意外停机风险，确保船舶能够持续稳定地进行海上作业。这种维护方式不仅保护了网络健康，也保证了船舶操作的连续性和安全性。

（五）保障通信和操作安全

在船舶运营中，网络的稳定性和性能直接影响到船舶的安全和运作效率。一个高效的通信系统是船舶维持正常功能的关键，尤其是在紧急情况下和日常决策过程中。

1. 紧急情况的快速响应

在海上航行中，船舶可能会遇到各种紧急情况，如恶劣天气、关键设备故障或医疗急需，在这些情况下快速有效的通信变得尤为关键。一个稳定的通信网络能够确保船舶与海岸基站，以及其他船只之间的通信畅通无阻，是紧急响应能力的核心。通过这种通信，船舶可以及时接收到来自气象部门的最新天气预报和警告，从而做出适当的航线调整或采取其他安全措施。如果船上出现设备故障，船员可以迅速联系岸上的技术支持，获取必要的指导和快速解决方案；在医疗紧急情况下，船上的医疗人员也能与岸上医院进行实时通信，及时获取专业医疗建议或协调紧急医疗撤离。有效的通信系统还支持在发生海上事故如碰撞或沉船时，船舶能够迅速发出求救信号并协调救援行动，大大提高生存和救援的机会。因此，投资高质量的通信设备和技术，维护通信系统的高度可靠性，不仅仅是提升船舶运营效率的举措，更是保障船员和乘客生命安全的重要策略。

2. 日常操作的决策支持

船舶的日常运营涉及复杂的决策过程，包括导航、燃料管理、货物处理等多个方面。稳定的网络保证了船舶能够接收到最新的天气更新、港口信息和航行警告，使得船长和船舶管理团队能够根据实时数据做出知情的决策。此外，高性能的网络也支持高质量的数据传输，如实时视频，这对于远程技术支持和监控至关重要。

3. 维护船舶的运营效率

高效的通信系统对于船舶运营的效率和成本控制具有重要作用。利用这一系统，船舶能够进行精确的航线规划和燃油使用分析，这有助于显著降低运营成本并提升经济效益。通过实时接收和发送数据，船舶管理者可以获得当前天气情况、海流动向及其他航海重要信息，从而进行更为精确的航线调整，避免不必要的迂回和延误，同时优化燃油消耗。此外，持续的数据收集和分析支持了对船舶性能的深入理解，进一步指导操作的微调，如调整速度和载重以达到最佳燃油经济性。所有这些操作都依赖于稳定可靠的通信网络，确保信息的实时传递和处理，从而使船舶运营在高效率和低成本之间达到最佳平衡。

确保网络的稳定和高性能不仅仅是技术问题，更是关乎船舶安全、效率和经济性能的重要策略。投资先进的通信技术和维护、实施有效的网络管理和优化，是现代船舶管理不可或缺的一部分。实时监控系统和集成的管理平台是提高船舶网络稳定性、安全性和操作效率的关键技术，对于现代船舶的高效运营起着至关重要的作用。

第3章 船舶网络安全与数据保护

船舶网络安全威胁与漏洞分析

随着信息技术的进步,船舶逐渐配备了更多高级计算设备和航海技术,推动了船舶操作和管理向数字化和网络化的方向发展。技术进步虽然带来了显著的效益,但同时也带来了网络安全风险。为了应对这一挑战,国际海事组织在2017年通过了名为"海上网络风险管理的安全管理系统"的MSC.428(98)号决议,鼓励管理公司构建船舶网络风险管理体系,并将其整合进船舶的安全管理系统中。这一举措旨在强化船舶对网络威胁的防御能力,确保航海安全和效率。

一、船舶网络系统的现状

目前,船舶上配备了各种网络和信息技术设备。船舶最早开始使用的是电子邮件系统的通信计算机和货物配载用的装载计算机。随着ISM规范的推行,船上也普及了用于生成文件报告的办公计算机,以及运行各种计划维护系统和船舶管理系统软件的计算机。此外,部分船舶还设有专门用于培训的计算机。近年来,还引入了专门用于申请电子海图和处理电子航海出版物的计算机。船上计算机的应用已经扩展到了通信、货物管理、船舶管理、维护保养、航线设计和培训等多个领域。同时,为了娱乐和个人用途,大多数船员也会携带私人计算机上船。在早期,船舶上的计算机数量较少,这些设备大多作为独立单机运行,仅有电子邮件系统的通信计算机具备网络连接功能,用于接收和发送邮件。然而,随着船上计算机数量的增长,许多船东或管理公司开始为这些计算机建立局域网,从而促进船舶内部计算机间的连接。这样的网络设置主要用于便捷地在各办公计算机之间传输文件,但使用范围通常限于船舶内部的办公环境。随着技术进步,为了提高船员的生活质量和方便他们与家人保持联系,部分船舶开始利用Inmarsat、VSAT或铱星等卫星网络系统提供外部互联网连接。这种连接作为一种福利,向所有船员开放,允许他们使用私人手机和计算机接入互联网。从最初的脱网单机运行,到内部局域网的建设,再到实现全船的互联网连接,船舶计算机的使用方式已经经历了显著的演变。除了常规的计算机和互联网连接外,船舶上还装备有多种专用设备,这些设备依赖接收外部数据来实现其功能。例如,GPS 或北斗卫星定位系统必须接收来自外部卫星的信号才能进行定位。同样地,自动识别系统(AIS)在船只之间交换信息,帮助船只相互识别位置和航向。接收到的这些数据通过数据线传输到雷达或电子海图等导航设备,辅助船舶进行定位和避障。尽管这些设备并不连接到互联网,它们仍通过专用的数据网络完成必要的外部数据接收和交换。

二、船舶面临的网络威胁

(一)网络威胁对船舶的现实挑战

随着信息技术的迅速发展,船舶的运营和管理已经开始日益依赖数字化系统,这使得网络安全成为船舶运营中不可忽视的一大挑战。网络威胁对船舶的潜在危害已成为现实,严重时甚至可能危及船舶的安全运行和船员的生命安全。一个典型的案例发生在 2017 年 2 月,一艘载有 8250 个标准集装箱单位的大型集装箱船在从塞浦路斯驶向吉布提途中遭到黑客攻击。在这次事件中,黑客成功入侵并控制了船舶的导航系统,试图将船只引导至一个易于控制的区域。船长发现无法控制船舶,船员也未能成功重新获得控制权。这场攻击持续了约 10 个小时,在此期间,船上的全部 IT 系统都处于黑客的控制之下。船东在得知情况后,急忙派出 IT 专家组进行干预,经过一番努力,最终夺回了对船舶的控制权。尽管最终控制权被夺回,但这次事件的攻击手段和具体细节至今仍然未被完全解明。

这一事件凸显了船舶在面对网络威胁时的脆弱性,以及船员在抗击这类高技术攻击时的无力感。船舶网络安全的薄弱环节不仅限于防御不足,还包括对船员在应对网络攻击方面的培训和准备工作的忽视。随着船舶网络化程度的不断加深,航运业界必须提高警觉,加强网络安全措施,确保船舶和船员的安全。这包括投资于更加先进的网络防御技术,加强对船员的网络安全培训,以及建立应对网络攻击的快速响应机制。只有这样,航运业才能确保在数字化浪潮中保持稳健的航行。

（二）潜在的网络威胁

船舶网络风险涉及船舶的技术资产，可能因网络环境或特定事件的威胁而遭受信息或网络的破坏、损失，甚至置于危险之中，从而可能导致航运操作、安全或保安功能的失败。在船舶上，这些风险主要影响两大系统：信息技术（IT）系统和操作技术（OT）系统。

信息技术（IT）系统主要处理数据作为信息的使用，这包括船上的电子邮件系统计算机、配载仪计算机、电子航海出版物计算机、计划维护系统（PMS）计算机、计算机基础培训（CBT）系统，以及各种办公计算机。这些系统面临的网络风险包括信息窃取、数据篡改或破坏以及敲诈勒索等，其后果通常是财产损失。操作技术（OT）系统则关联到通过数据监控或控制物理过程，如GPS、自动识别系统（AIS）及相关的雷达、电子海图、船舶数据记录器（VDR）等。这些技术被用于实时监控船舶运动和导航。OT系统的网络攻击可能包括通过伪造数据信号误导船舶，这种攻击可能导致船舶碰撞、搁浅或环境污染等严重后果。若应对不当，还可能引发船舶灭失和人员伤亡。自主水面船舶技术的持续进化可能促使船舶在将来采纳远程遥控操作。这种远程遥控系统，作为控制技术的一环，极易成为网络攻击的靶心。攻击者有可能通过网络手段来控制甚至劫持这些船只，从而引发重大的安全事件。

随着船舶日益数字化和网络化，其面临的网络安全威胁也日益增加，这要求航运业加强网络安全措施，以保护船舶和船员的安全。这包括对IT系统和OT系统实施严格的安全策略，进行持续的安全监测和评估，以及为船员提供必要的网络安全培训，确保他们能够识别和应对网络威胁。

三、具体漏洞分析

船舶网络安全威胁与漏洞分析是关键的领域，因为船舶的操作和管理越来越依赖高级技术和自动化系统。这些技术虽然提高了效率和安全性，但也引入了新的风险和潜在的安全漏洞。

（一）技术复杂性带来的风险

技术进步虽然带来了航运效率的显著提升，但同时也引入了多种网络安全风险。随着船舶系统越来越依赖网络化解决方案，从基本的GPS导航到复杂的电子海图显示和信息系统（ECDIS），每一次技术升级或新增的组件都可能带来新的安全漏洞。这些系统的互联性增加了攻击面，使得单一的安全漏洞可能影响整个船舶的运行安全。

1. 系统互依性增加的风险

随着船舶上各种系统之间的连接日益增强，比如导航系统、通信系统和货物管理系统等通过同一网络平台互联，这种系统间的高度互依性极大地增加了网络安全威胁的传播速度和范围。一旦一个系统遭受网络攻击，其影响可能不局限于该系统本身，而是迅速扩散至整个网络中的其他系统。例如，如果通信系统遭到黑客侵入，这种攻击可能会干扰到导航系统，导致错误或延迟的数据传输，进而影响船舶的正常航行与定位精度，甚至可能导致严重的导航错误。这不仅威胁到船舶和船员的安全，还可能导致货物损失或环境污染等一系列连锁反应。因此，保护每个单独系统的同时，确保整个网络的综合防护措施是至关重要的，需要采用先进的安全技术和综合性的安全管理策略来防止潜在的跨系统安全事件。

2. 技术更新与维护的重要性

技术进步虽带来了效率提升，但也使得维护和更新的需求变得更为频繁且复杂。系统如电子海图和信息系统（ECDIS）这类关键设备需要定期更新软件和维护硬件，以确保它们能抵御新出现的安全威胁。如果延迟这些更新或忽略维护工作，就可能留下安全漏洞，成为网络攻击者的潜在目标。这种疏忽不仅增加了遭受网络攻击的风险，还可能导致严重的操作失误和安全事故。因此，船舶运营者必须认识到及时更新和维护的重要性，将其视为保障船舶正常运作和安全的必备措施。

3. 全面的安全策略需求

面对不断增加的网络安全风险，船舶运营商必须采取一套全面的网络安全策略来保护其关键基础设施和信息系统。这些策略不仅包括加强物理和网络访问控制，确保只有授权人员能够访问敏感系统和数据，还应包括实施分层的防御措施，比如使用防火墙、入侵检测系统和加密技术来保护网络数据的安全。定期的安全审计和漏洞扫描对于识别和修补系统漏洞至关重要，这可以大大减少被网络攻击者利用的风险。为了有效实施这些策略，技术人员需要接受深入的网络安全培训，而普通船员也需要基础的安全意识教育，以使他们能够识别潜在的安全威胁，并知晓在遇到可疑活动时的正确报告程序。提升船员的安全意识和应对能力是增强船舶整体网络安全的关键环节。通过这种全员参与的安全文化建设，船舶运营商不仅能够提高防御外部威胁的能力，还能够有效应对内部安全挑战，确保船舶及其运营的连续性和安全性。

4. 应急响应和恢复计划

除了采取预防措施，船舶运营商还需要制订详尽的应急响应计划，以便在遭受网络攻击时能够迅速有效地应对，从而最大限度地减少损害。这一计划应包括明确的通信协议，确保在紧急情况下可以快速地通知和协调相关人员。同时，定期备份关键数据和系统至关重要，这不仅能保护信息不受损失，还能在系统受损时快速恢复运营。此外，准备好系统重启的流程也是必需的，以确保在任何网络安全事件发生后，船舶的关键操作系统能迅速重新上线，恢复正常运作。通过这样的应急准备，船舶运营商可以更有信心地处理网络安全事故，保证船舶和船员的安全以及航运业务的连续性。

随着船舶系统越来越依赖网络化的解决方案，维护其网络安全已成为确保航运安全的关键部分。船舶运营商需要认识到这一点，并投入必要的资源和注意力来维护系统的安全性。这不仅保护了船舶和乘员的安全，也保证了航运业务的连续性和效率。

（二）外部网络接入点

船舶网络安全的复杂性不仅体现在维护内部网络的安全上，还包括对外部连接的严格管理。这些外部连接可能是卫星通信系统、港口提供的 Wi-Fi 服务，以及在岸上设施进行的数据交换，每一个外部连接点都可能潜在地暴露于网络攻击的风险之中。

1. 卫星通信系统的安全

卫星通信作为船舶最重要的远程通信手段，扮演着至关重要的角色，允许船舶在全球任何位置与岸基设施进行持续的通信交流。由于卫星通信常常是船舶网络与外部世界联系的主要通道，其安全性直接关系到船舶操作的安全与数据的保密性。为了防止这一系统被恶意攻击或滥用，非常有必要采取一系列的安全措施。首先，通信数据应该通过高级加密标准进行加密，确保即使数据在传输过程中被截获，也无法被未授权者读取。此外，定期更新安全协议和软件是保持系统抵御新出现威胁能力的关键。更新包括应对新发现的漏洞、增强加密措施以及改进入侵检测系统。这些措施结合起来，帮助保护卫星通信系统不受网络攻击者的侵害，确保船舶可以安全可靠地进行必要的远程通信。

2. 港口 Wi-Fi 的安全利用

当船舶在港口停靠期间使用港口 Wi-Fi 网络进行数据交换时，这种连接确实会暴露船舶系统潜在的网络安全威胁。由于公共 Wi-Fi 网络的安全性通常较低，因此，保护数据传输的安全至关重要，以避免未经授权的访问或数据泄漏。使用虚拟私人网络（VPN）是一种有效的策略，它可以为船舶和岸基服务器之间的数据交换创建一个加密的通信隧道。通过 VPN，所有通过公共网络发送和接收的数据都将被加密，由此能够确保即使数据在传输过程中被截获，也无法被第三方轻易解读。VPN 还可以帮助掩盖船舶网络的真实 IP 地址，增加了额外的匿名性和安全性。在连接到不受信任的网络时，VPN 提供了一个重要的安全层，使船舶能够安全地进行必要的操作和数据更新，如航行计划更新、货物管理数据交换和其他关键的船舶运营信息。

船舶在使用港口或其他公共 Wi-Fi 网络进行数据传输时，必须采用 VPN 或其他相应的安全措施来保护网络通信。此外，船舶运营商应定期审查和更新其 VPN 和其他网络安全措施，以应对不断演变的网络威胁，确保数据交换过程中的安全性和完整性。

3. 岸上设施的数据交换安全

在船舶与岸上设施之间进行数据交换时，经常涉及传输货物信息、船员信息等敏感数据，这些信息的安全性至关重要以保护个人隐私和运营安全。为确保这些数据的安全传输，使用端到端加密技术是一种有效的防护措施。端到端加密确保数据从发送端到接收端在传输过程中始终处于加密状态，即使数据在传输过程中被截获，未经授权的第三方也无法解读数据内容。此外，确保所有参与数据传输的设备都安装了最新的安全软件和防火墙，对抗潜在的网络攻击，是保护这些敏感信息不被泄漏的另一关键措施。通过实施这些综合性的安全措施，可以大大降低数据在交换过程中被非法访问或篡改的风险。

4. 综合监控和响应机制

为了全面保障船舶的网络安全，除了加强各个外部接入点的安全控制之外，建立一个综合的监控和响应机制是非常关键的。这个机制应包括安装高效的入侵检测系统，这些系统能够实时监控网络活动，自动识别并警报异常行为或潜在的威胁，从而提前预防可能的安全入侵。定期进行全面的安全审查也至关重要，这不仅能够帮助识别当前的安全漏洞和不足，还能评估已有安全措施的效果，确保所有安全协议和软件保持更新，与新兴威胁保持同步。对船员和岸基人员进行定期的安全培训也是必不可少的。这种培训应该包括识别和响应网络安全事件的实际操作，以提高他们在初期阶段识别和应对网络威胁的能力。通过模拟练习和实战演练，工作人员可以更熟悉应急流程，提高他们对网络攻击的反应速度和效率。综合这些措施，可以构建出一个强大的防御网络，不仅能够及时检测和阻止网络攻击，还能在攻击发生时迅速有效地进行响应和恢复操作，从而最大限度地保护船舶和人员的安全。通过这些措施，可以有效地管理和保护船舶的外部连接，减少网络攻击的机会，从而确保船舶的整体网络安全，保护船舶的正常运营不受网络安全威胁的干扰。

（三）内部网络安全措施

在船舶内部网络中，确保数据安全是至关重要的，因为现代船舶越来越依赖各种自动化系统进行有效运营。核心安全措施如防火墙、入侵检测系统（IDS），以及数据加密技术都必须经过精心设计和配置，以适应船舶特有的需求和挑战。特别是在船舶操作技术系统中，这些系统常常处理关键的实时或近实时数据，如导航和机械操作信息，这就要求所有的安全措施不仅要能够有效防御外部威胁，还不能对系统性能造成影响，尤其是不引入任何会影响操作决策和响应速度的延迟。防火墙必须配置得当，以确保有效过滤非授权的数据流，同时保持数据传输的高效率。入侵检测系统需要能够实时监控网络活动，快速识别并响应潜在的安全威胁，而不干扰正常数据流。此外，数据加密在保护数据传输过程中的安全性方面起着关键作用，尤其是在传输敏感信息，如船舶位置数据和船员信息时。然而，加密措施必须选择那些能够在不牺牲性能的情况下提供强有力安全保障的算法。

在整个安全框架中，每一项措施都需要精确调整，以满足船舶对安全性和性能的双重需求。这可能意味着使用最新的安全技术和策略，以及持续的技术更新和维护，以适应不断变化的网络安全威胁环境。此外，船舶运营商也需要定期进行安全培训和演练，确保船员和技术人员能够理解并应对可能的网络安全事件，这样才能在不妨碍船舶正常运行的情况下，维持高水平的网络安全防护。

（四）人员培训和意识

网络安全不仅是技术问题，也是人为问题。船员和船舶管理人员的安全意识培训是至关重要的。他们需要了解基本的网络安全协议，识别钓鱼邮件或恶意软件的迹象，并了解如何安全地管理密码和访问控制。不断地培训和意识提高活动可以帮助防止人为错误，这些错误往往是安全漏洞被利用的起点。

1. 基本网络安全协议的教育

培训在建立船员和船舶管理人员的网络安全防御意识方面起着至关重要的作用。通过涵盖网络安全的基本知识，包括如何识别各种安全威胁和理解不同类型的网络攻击如钓鱼和恶意软件等的性质及其可能带来的后果，培训可以有效增强他们的警觉性和应对能力。这种知识的传授使船员和管理人员不仅能够识别潜在的安全风险，还能够了解如何采取适当的预防措施来防止这些威胁。通过这些培训，他们能够更好地理解网络攻击的严重性，以及如何通过正确的操作和响应策略来最小化这些威胁对船舶安全的影响。这样的培训不仅提升了个人的安全技能，也增强了整个船舶团队在面对网络安全挑战时的整体应对能力。

2. 识别网络威胁的技能培养

在网络安全培训中，特别强调识别钓鱼邮件和恶意软件的重要性是至关重要的。这类培训应该包括如何详细分析邮件的来源，识别和验证发送者的真实性，以及如何检查邮件中的链接是否合法，避免点击可能导向恶意网站的链接。训练船员和管理人员识别假冒网站的技巧也非常重要，这包括观察网站的 URL 地址、网站证书以及网页内容的真实性。通过这些实用的技能训练，参与者可以更有效地辨别和防范这些常见但危险的网络攻击手段，从而保护自己和船舶免受网络入侵的威胁。这种能力的提升对于确保船舶的数据安全和运营安全至关重要，因为钓鱼攻击和恶意软件常是导致更大安全事件的入口。

3. 密码和访问控制管理

教育船员如何安全地管理密码和访问控制是网络安全教育的一个核心部分。这包括强调采用强密码政策，即密码应包含大小写字母、数字及特殊字符的组合，且长度适当，以增强密码的复杂度和安全性。定期更换密码也是防止未授权访问的有效策略，它可以减少密码被破解的风险。船员应被教导在任何情况下都不应在非安全的系统中保存或分享登录凭证，避免通过不安全的方式传输或存储敏感信息，如使用未加密的通信渠道发送密码。通过这些措施，可以显著提高个人账户的安全性，减少因密码管理不当而引发的安全事件。

4. 持续的培训和意识提高活动

为确保船员保持高度的网络安全意识，持续的教育和培训是必不可少的。

这一过程包括定期进行安全演练，这些演练模拟各种网络安全事件，以测试和提高船员在实际情况下的反应能力。同时，培训课程需要不断更新，以包含最新发现的威胁和最佳的防御策略，确保船员能够面对不断变化的安全挑战。实施实时安全警报系统也是提高船员警觉性的有效方法，这样他们可以立即获得有关潜在威胁的信息并采取适当的预防措施。通过这些综合措施，可以极大增强船员对网络安全的认识和应对能力，进一步保护船舶的安全运营。

5. 人为错误的预防措施

讨论和分析过往的安全事件，尤其是那些由人为错误引起的案例，是提高船员和管理人员安全操作意识的重要手段。通过这种方法，团队可以详细了解何种行为可能导致安全风险，以及如何通过改进操作流程和执行紧急响应措施来预防类似事件的发生。这种学习过程有助于识别和弥补潜在的安全漏洞，确保每个团队成员都能在日常操作中采取正确的安全措施，并在紧急情况下作出迅速有效的响应，从而减少因操作不当或疏忽而造成的安全威胁。通过定期回顾和学习这些经验教训，船舶团队可以不断提高其整体的安全操作标准。

四、应对策略和恢复计划

为顺应航海科学技术的发展，符合 IMO 决议与通函的要求，避免或减少网络安全事件的发生，管理公司与船员应认识到船舶网络安全的重要性，尽早采取应对措施。

（一）及时建立符合 IMO 决议与通函规定的网络风险管理体系，纳入船舶管理体系

网络风险管理体系应覆盖风险的识别、防护、检测、响应和恢复等关键方面。对于船舶面临的网络威胁，应急反应程序是至关重要的，它需要为管理层和船员提供明确的操作指南。比如，一旦发现网络安全事件，相关人员应立即向岸上技术支持报告情况。同时，考虑部署备用系统，例如使用北斗系统作为 GPS 的替代，以确保在网络威胁发生时能迅速切换数据源。在必要情况下，应立即断开受威胁的网络连接，并采取隔离措施，必要时可依赖传统导航方法继续航行。这些措施旨在最大限度地减轻网络威胁对船舶操作的影响。

（二）强化网络安全和风险管理的培训，提升对网络安全的警觉性

培训计划应包括以下内容：

针对岸基员工和船员的网络风险管理培训是至关重要的，因为它有助于每个岗位的成员明确自己在网络安全中的具体责任。通过这种专门的培训，可以确保所有员工都了解他们的行为如何影响整体网络安全，并掌握必要的技能来防范和应对网络威胁。培训不仅包括基本的网络安全知识和操作，也涵盖了针对特定职位的安全实践和协议，从而使每位员工都能在日常工作中积极贡献于维护组织的网络安全。这样的培训强化了团队对网络安全的重视，同时也提升了个人在面对网络威胁时的应对能力。

增强岸基员工和船员的网络安全意识培训是一个关键的措施，目的在于提升每位员工对网络安全重要性的认识和理解。通过系统的教育和实践活动，这种培训旨在教育所有人员识别各种网络威胁，如钓鱼攻击、恶意软件入侵及其他安全漏洞，并了解如何采取预防措施。此外，培训也强调个人在维护网络安全中的角色，确保每个人都能在日常操作中采取恰当的安全措施，从而共同构建一个更安全的网络环境。通过这样的培训，员工的安全意识得以增强，网络安全防御力也相应提高。

提供给船员的计算机网络基础知识培训旨在增强他们的计算机操作技能，确保他们能够有效地管理和使用船舶上的技术资源。通过这种培训，船员不仅学会了日常的计算机操作，还掌握了执行必要的网络安全防护措施，如正确管理密码、识别可疑邮件和使用安全软件，从而提高整个船舶的网络安全水平。

对船员进行情景意识培训，减少对高技术航海设备的依赖，培养他们在遇到网络安全事件时迅速识别并有效响应的能力，以减少潜在损失。

（三）实施网络安全事件演习

通过船岸联合演习进行培训是一种高效的方式，旨在提高船员与岸基管理人员面对网络安全事件的应急反应能力。这种联合演习的目的是模拟网络安全事件的现实情景，使船员和岸基人员能够在控制的环境中练习他们的反应流程，从而提高在真实情况下的处理效率和效果。

1. 实际场景模拟

联合演习是一种有效的方法，通过模拟一系列潜在的网络安全事件，如网络入侵、数据泄漏或系统崩溃，来增强参与者对网络威胁的理解和应对能力。

在这些模拟环境中，参与者可以直接操作实际系统，运用他们在培训中学到的网络安全知识和技巧来应对各种情况。这不仅可以帮助他们熟悉各种网络安全协议和操作，还能在压力环境下测试他们的反应速度和决策能力。通过这种实际操作，参与者可以更深入地理解各种网络攻击的工作原理及其潜在影响，从而在真实发生安全事件时能够迅速诊断问题、制定有效的解决策略，并恢复系统运行。此外，这种演习还有助于揭示现有安全措施中的漏洞，为进一步加强安全体系提供直接的指导。

2. 跨部门协作

船岸联合演习的重要性在于它强调并增强了船员与岸基人员之间的协作。在处理网络安全事件时，这种跨部门的协作是至关重要的，因为这类事件通常涉及复杂的技术问题，需要多个专业领域的知识和技能来共同解决。例如，当船舶遭受网络攻击或系统故障时，船上的技术团队需要快速诊断问题并评估影响，他们可能需要岸上 IT 支持部门的帮助来获取必要的技术资源或专业知识，以便部署有效的解决方案。通过联合演习，船上和岸上的团队可以在模拟的危机环境中实践他们的协作。这种实践帮助每个团队了解彼此的工作流程、通信协议和响应策略。在演习中，团队成员将学习如何有效地共享信息、协调行动并实时解决问题。这不仅提高了处理实际网络安全事件时的效率，还有助于建立团队成员之间的信任和理解。

通过这些演习，可以发现并改进现有协作流程中的漏洞或不足之处。例如，如果发现信息传递延迟或指令执行不明确，组织就可以针对这些问题进行调整和优化，确保在未来面对真实的网络安全挑战时，可以实现更加流畅和有效的协作。这种跨部门协作的优化不仅限于技术层面，还包括管理和通信层面，确保所有相关部门能够在危机发生时迅速且一致的行动。

3. 应急响应流程演习还可以帮助各参与方熟悉并优化应急响应流程

在模拟的压力环境中，参与者将学习如何在网络攻击发生后迅速采取行动，如立即报告事件、评估影响范围、隔离受影响系统，以及采取恢复措施。这种训练可以减少实际事件发生时的混乱和反应时间。

4. 持续改进

在完成每次船岸联合演习之后，进行详尽的评估和反馈是至关重要的。这个环节允许组织系统地分析演习过程中的表现，识别存在的任何弱点或操作不足。通过这种评估，可以发现协作流程中的漏洞、通信效率问题，或是技术应对措施的不足之处。根据这些反馈，组织可以精确调整其培训方案和应急响应计划，以确保每次演习都能带来实质性的改进。这不仅提升了整个团队的应急处理能力，还能够确保在面对未来真实的网络安全挑战时，所有人员都能更加有效和协调地工作。如此循环迭代的过程使得机构在逐步提高应对网络安全事件的能力的同时，也能不断地优化和强化整体的安全管理体系。

船岸联合演习中的培训有效地提高了个人和团队在应对网络威胁时的能力，并增强了组织对网络安全的重视，这对保障船舶及岸基设施的网络安全至关重要。这种实践不仅锻炼了团队的快速反应技能，还促进了对网络安全策略和措施的深入理解，确保在面对实际网络威胁时，组织能够有效应对并最小化潜在风险。

软件技术在船舶网络安全中的应用与解决方案

一、端点保护软件

端点保护解决方案（Endpoint Protection Solutions，EPS）在现代网络安全架构中扮演着至关重要的角色，尤其是在保护船舶上的计算机和其他设备免受恶意软件和高级持续性威胁（Advanced Persistent Threats，APT）攻击方面。

（一）防病毒功能

1. 定义和作用

防病毒软件作为端点保护解决方案（EPS）的基本组成部分，肩负着检测和移除已知病毒的核心任务。其主要功能是通过扫描系统文件、内存和网络活动来识别和隔离病毒，防止其对计算机和网络造成破坏。为了保持对最新威胁的有效防护，防病毒软件依赖于定期更新的病毒定义库，这个库包含了已知病毒的特征码和行为模式。通过不断更新，防病毒软件可以识别并阻止最新出现的病毒变种，确保系统免受新型恶意软件的侵害。此外，现代防病毒软件还结合了启发式分析和机器学习技术，能够检测和防御未知或变异的恶意软件，进一步提升了整体安全性。这些功能对于船舶上的计算机和设备尤为重要，因为它们经常需要与外部系统进行数据交换，面临较高的安全风险。有效的防病毒软件能够为船舶的运营提供坚实的安全保障，防止病毒引发的潜在灾难性后果。

2. 应用在船舶上

由于船舶上的设备经常与外界进行数据交换，防病毒功能在保护这些系统免受已知病毒侵害方面起到了关键作用。

（1）港口连接

船舶在港口停靠期间，通常需要与港口管理系统和其他服务设施进行数据交换。这些连接可能通过有线网络、无线网络或物联网设备实现。在这一过程中，存在外部设备或网络中携带病毒的风险。防病毒软件可以扫描并检测这些外部数据源，阻止病毒在进入船舶内部网络之前被引入，从而保护船上的计算机和系统。

（2）与其他船舶通信

在海上，船舶之间通过无线通信或卫星通信进行数据交换是常见的。这些通信包括导航数据、天气信息以及其他关键数据传输。然而，如果某一船舶系统感染了病毒，病毒可能通过数据交换传播到其他船舶。为防止这种情况发生，防病毒功能发挥着重要作用。它通过实时监控和扫描传入的数据，确保传输内容的安全性和无害性，从而有效阻止病毒在船舶之间的传播。这一功能对于维护海上通信网络的安全性至关重要，防止病毒对船舶系统的潜在危害。

（3）远程管理系统

在现代海上运输中，船舶设备通常受到远程管理系统的监控和维护。这些远程管理操作通常包括从岸基管理中心发送的命令和数据更新，以确保船舶设备的正常运行和安全性。然而，如果远程管理系统受到病毒攻击，病毒可能通过这些管理连接侵入船舶设备，从而对船舶系统造成严重威胁。为防止这种情况发生，防病毒软件在保护远程连接方面发挥着关键作用。它能够实时监控这些连接，扫描传输的数据，检测并拦截任何可疑活动。通过这种方式，防病毒软件可以有效地防止病毒通过远程管理系统侵入船舶设备，确保船舶系统的安全和稳定运行。此外，防病毒软件还可以提供日志记录和警报功能，帮助安全团队迅速识别和响应潜在威胁，从而进一步增强船舶的网络安全防护能力。这种多层次的防护措施对于保持船舶操作的连续性和安全性至关重要，能够显著降低远程管理系统受到攻击的风险。

（4）外部设备接入

在船舶上的计算机和其他设备经常需要使用外部存储设备（如USB驱动

器、移动硬盘）进行数据传输。这些外部设备可能携带病毒，特别是在从不受信任的来源接入时，带来了潜在的安全风险。为应对这一威胁，防病毒功能在设备接入时能够立即执行扫描，检测并隔离任何发现的病毒，确保其不会感染船舶系统。通过这种主动防御措施，防病毒软件有效地保护了船舶的计算机和设备免受恶意软件的侵害，保障了船舶系统的安全和稳定运行。

（5）持续的病毒定义库更新

为了应对不断变化的病毒威胁，防病毒软件需要定期更新病毒定义库。这一更新过程确保防病毒软件能够持续识别和阻止最新的病毒变种。通过与病毒定义库的持续同步，防病毒软件可以实时获取最新的威胁情报，从而提高其检测和防护能力。这种持续更新对于确保数据安全至关重要，无论数据是从港口、其他船舶、远程管理系统，还是外部存储设备接入，每当有新数据进入系统时，防病毒软件都会对其进行扫描，利用最新的病毒定义库检测潜在的威胁，并及时采取措施进行隔离和清除。这样，无论病毒如何演变，防病毒软件都能提供可靠的保护，确保船舶系统的安全和稳定运行。

上述多种防护措施使得防病毒功能能够全面保护船舶上的设备，防止已知病毒通过各种数据交换途径侵入船舶系统，确保船舶的安全运营。通过实时监控、定期更新病毒定义库以及扫描外部设备，防病毒软件可以有效地检测和阻止潜在威胁，保障船舶系统的稳定性和安全性。

（二）防恶意软件功能

1. 定义和作用

除了病毒之外，恶意软件还包括特洛伊木马、间谍软件、广告软件等多种形式，每一种都可能对系统造成不同类型的危害。特洛伊木马通常伪装成合法软件，一旦安装，就会在后台执行恶意操作，可能窃取敏感信息或为其他恶意软件打开后门。间谍软件则专门用于秘密监视用户活动，收集个人信息、密码和其他敏感数据，造成严重的隐私泄漏风险。广告软件会在设备上强制显示广告，不仅影响用户体验，还可能降低系统性能，甚至引导用户访问恶意网站。

防恶意软件功能的核心在于其扫描和清除这些威胁的能力。通过实时监控和定期扫描，防恶意软件能够检测系统中潜在的恶意活动。利用先进的启发式分析和行为监控技术，这些软件可以识别并阻止尚未列入病毒定义库的新型恶意软件。扫描过程会遍历系统文件、运行进程和网络活动，寻找任何异常或可疑的迹象。一旦发现威胁，防恶意软件会立即采取行动，将其隔离或清除，防止其进一步扩散或造成损害。防恶意软件功能通常还包括防护浏览器安全、邮件过滤和网络钓鱼防护等附加功能，进一步增强系统的整体防护能力。这些功能能够识别并阻止通过网络和电子邮件传播的恶意软件，减少用户点击恶意链接的风险。通过这些综合性防护措施，防恶意软件功能不仅保障了设备的正常运行，还为用户提供了一个更安全的数字环境。

2. 应用在船舶上

恶意软件可能通过多种途径进入船舶系统，包括网络连接、USB 设备或其他可移动介质。这些途径为恶意软件提供了侵入系统并造成破坏的机会，因此防恶意软件功能在船舶网络安全中扮演着至关重要的角色。

（1）网络连接

网络连接是恶意软件传播的主要途径之一。在海上，船舶需要通过互联网与岸基管理中心、其他船舶以及外部服务提供商进行通信，这些网络连接为恶意软件提供了入侵的机会。防恶意软件功能在这一过程中发挥着关键作用，能够实时监控网络流量，识别并阻止恶意软件的下载和传播。利用深度包检测（DPI）技术，防恶意软件可以深入分析网络数据包，识别出隐藏在正常流量中的恶意代码。这种分析不仅限于已知威胁，还包括对异常行为的检测，确保即使是未知的恶意软件也能被发现。通过这些措施，防恶意软件能够及时采取隔离和清除威胁的行动，防止恶意软件在网络中进一步传播，从而保障船舶系统的安全和稳定运行。此外，防恶意软件功能还可以记录和报告可疑活动，为安全团队提供有价值的情报，帮助他们更好地理解和应对威胁。这种全面的防护策略确保了船舶在与外部系统通信时的安全性，降低了恶意软件攻击的风险。

（2）USB 设备

USB 设备和其他可移动介质是恶意软件感染系统的另一个常见途径。这些设备可能被恶意软件感染，然后在连接到船舶系统时传播病毒。防恶意软件功能能够在 USB 设备接入时立即扫描其内容，检测和识别任何恶意文件。扫描过程不仅限于已知的恶意软件，还包括利用行为分析和启发式检测技术，发现潜在的未知威胁。一旦检测到威胁，防恶意软件会立即隔离或清除感染文件，防止恶意软件进入船舶系统。

（3）可移动介质

除了 USB 设备，其他可移动介质如 SD 卡、外部硬盘和光盘等也可能携带恶意软件。这些介质在从不受信任的来源接入时，存在较高的安全风险。防恶意软件功能在这些设备连接时进行全面扫描，确保其内容安全无害。通过实时监控和定期扫描，防恶意软件能够持续保护系统，防止任何形式的恶意软件通过可移动介质传播。

（4）综合防护

防恶意软件不仅依靠扫描和监控，还包括不断更新病毒定义库和行为分析模型，以应对不断变化的威胁环境。定期更新病毒定义库可以确保防恶意软件识别最新的恶意软件变种和攻击手段，保持对新兴威胁的有效防护。同时，行为分析模型的更新使防恶意软件能够识别异常行为模式，从而发现和阻止未知的恶意软件。这种动态更新机制使防恶意软件具备高度的适应性和前瞻性，能够在恶意软件不断演变的情况下始终保持有效的防护能力。防恶意软件通常与其他安全措施（如防火墙、入侵检测系统、入侵防御系统等）协同工作，形成多层次的防护体系。防火墙能够阻止未经授权的访问，入侵检测系统（IDS）和入侵防御系统（IPS）能够检测并阻止可疑活动和攻击行为。通过这些不同层次的防护措施，防恶意软件不仅能够在恶意软件进入系统前就将其拦截，还能在恶意软件成功入侵后迅速检测和响应，减少其对系统的影响。

这种多层次防护策略增强了整体网络安全性，使得各个安全组件相互补充、相互支持，形成了一个全面且坚固的安全防线。这种防护体系不仅提高了恶意软件攻击的难度，还提升了系统应对复杂攻击场景的能力，确保了船舶系统在面对各种网络威胁时的安全和稳定运行。

通过上述多种防护手段，防恶意软件功能能够有效监控并防止恶意软件通过网络连接、USB 设备或其他可移动介质传播和感染船舶系统，确保船舶操作的安全和稳定。

（三）防勒索软件功能

1. 定义和作用

勒索软件通过加密文件或锁定系统，迫使用户支付赎金才能恢复访问，这种攻击方式对个人和组织构成了严重威胁。防勒索软件功能在此类攻击防御中扮演着关键角色，通过多种手段检测和阻止勒索软件的活动。

（1）检测可疑的加密行为

加密文件是勒索软件的主要特点，使用户无法访问其数据。为了防御这种威胁，防勒索软件通过监控系统内的文件操作行为，检测出异常的加密活动。

例如，当某一进程突然开始大规模加密文件时，防勒索软件会将其标记为可疑行为。通过利用机器学习和行为分析技术，防勒索软件能够识别出与正常操作不同的加密模式，从而及早发现潜在的勒索软件。这样可以在其对系统造成严重损害之前采取有效措施进行拦截和处理，保护用户的数据安全。

（2）阻止未授权的系统变更

修改系统设置是勒索软件执行其恶意活动的常见手段，例如禁用安全软件、修改系统启动项或更改文件权限。这些操作能够赋予勒索软件更高的权限和更强的隐蔽性，使其更难被发现和移除。防勒索软件通过实时监控这些关键系统区域，能够快速识别和阻止未经授权的变更。任何试图更改系统设置的可疑操作都会触发警报，并由防勒索软件立即采取行动进行阻止。这种实时监控机制不仅可以防止恶意软件在系统中的进一步蔓延，还可以保护关键系统设置免遭篡改。此外，防勒索软件通常还集成日志记录功能，详细记录所有可疑活动，以便安全团队进行后续分析和采取进一步措施。这种多层次的防护策略有效提高了系统的整体安全性，确保在面对复杂多变的网络威胁时，系统能够保持稳定和安全。

（3）行为分析和沙箱技术

防勒索软件不仅依赖特征码检测，还结合了行为分析和沙箱技术，以提供更全面的保护。当一个文件或进程表现出类似勒索软件的行为时，防勒索软件会将其放入隔离的沙箱环境中执行。在这个隔离环境中，防勒索软件通过观察其行为来判断是否存在恶意活动，例如试图加密文件或修改系统设置。通过这种方式，防勒索软件能够准确识别潜在的勒索软件。一旦确认其为勒索软件，防勒索软件会立即中止其运行，并将其进行隔离处理，以防止其对系统造成进一步的损害。这种综合防护策略有效地增强了系统的安全性，确保在面对复杂和新兴的网络威胁时，能够及时发现并阻止恶意活动。

（4）自动备份和恢复功能

防勒索软件通常集成了自动备份和恢复功能，以便在遭受攻击时能够迅速恢复受影响的文件。通过定期备份关键数据，防勒索软件可以在勒索软件成功加密文件之前恢复数据，减少损失。即使在最坏的情况下，用户也无须支付赎金即可恢复重要数据。

（5）实时警报和响应

一旦检测到勒索软件活动，防勒索软件会立即向用户发出警报，并自动采取一系列响应措施。这些措施包括隔离受感染的系统区域、阻止可疑进程以及启动数据恢复程序。通过隔离受感染的区域，防勒索软件能够防止勒索软件在系统中进一步扩散，从而减少其影响范围。阻止可疑进程则可以立即中断勒索软件的恶意活动，防止其继续加密文件或修改系统设置。启动数据恢复程序能够迅速恢复被加密或损坏的数据，确保用户可以尽快恢复正常操作。这样的实时响应机制不仅能够最大限度地减少勒索软件对系统的影响，还能够保护用户的关键数据安全，降低数据丢失和系统停机的风险。此外，防勒索软件通常会记录详细的日志信息，帮助安全团队分析攻击源和攻击手法，以便加强未来的防护措施。这种全面的防护和响应机制，显著提高了系统的安全性和数据的可靠性，确保用户在面对勒索软件威胁时能够得到迅速有效的保护。

（6）教育和培训

防勒索软件还会配合用户教育和培训，以增强用户的安全意识。通过定期的培训课程和安全提示，用户可以学习如何识别和防范潜在的勒索软件攻击。这种教育包括识别可疑电子邮件和链接、不下载来自不信任来源的附件、保持软件和系统的更新等实用知识。增强用户的安全意识能够有效减少因人为操作带来的风险，从而增强整体防护效果。用户在掌握这些知识后，能够在日常操作中更主动地避免安全隐患，形成第一道防线，进一步保护系统和数据的安全。

检测可疑的加密行为、阻止未授权的系统变更、利用行为分析和沙箱技术、提供自动备份和恢复功能，以及实时警报和响应机制，这些防勒索软件功能能够有效地防御勒索软件的攻击。综合防护策略确保系统和数据的安全，使其在面对勒索软件威胁时能够迅速检测、响应和恢复，从而最大限度地减少损失和中断。

2. 应用在船舶上

船舶上的关键系统（如导航系统、通信系统等）一旦被勒索软件攻击，可能会导致严重的安全事故。防勒索软件功能能够确保这些关键系统的安全性和连续性。

（四）行为监控技术

1. 定义和作用

行为监控技术通过分析程序和用户的行为模式，识别和阻止异常活动。与传统的签名检测方法不同，它能够发现未知威胁。

2. 应用在船舶上

船舶上的关键系统，如导航系统和通信系统，一旦遭受勒索软件的攻击，可能会导致严重的安全事故。这些系统在船舶的安全航行和有效通信中扮演着不可或缺的角色，任何干扰都可能带来灾难性后果。防勒索软件功能通过多层次的防护措施来确保这些关键系统的安全性和连续性。首先，防勒索软件实时监控系统行为，检测异常的加密活动和未授权的系统变更，这使得潜在威胁能够在造成实际损害之前被发现并阻止。利用行为分析和沙箱技术，防勒索软件可以隔离并观察可疑进程，判断其是否具有恶意行为，从而防止勒索软件在关键系统中执行加密操作。防勒索软件还能够提供自动备份和恢复功能，定期备份关键数据，使得在遭遇攻击时，能够迅速恢复受影响的文件和系统设置，保证导航和通信系统的持续运行。实时警报和响应机制则确保在检测到勒索软件活动时，能够立即采取措施，隔离受感染区域并启动恢复程序，最大限度地减少对船舶运行的影响。这些综合防护策略有效地保障了船舶关键系统的安全和连续性，防止因勒索软件攻击而导致的严重安全事故。

（五）综合保护策略

1. 多层防御

端点保护解决方案（EPS）通常集成多种防护机制，如防火墙、入侵检测系统（IDS）、入侵防御系统（IPS）等，形成多层次的防御体系，显著增加攻击者成功入侵的难度。防火墙作为第一道防线，通过过滤进出网络的数据包，阻止未经授权的访问和恶意流量进入系统。它能够根据预定义的安全规则，识别并拦截可疑的网络活动，从而保护内部网络免受外部威胁。入侵检测系统（IDS）则负责监控网络和系统活动，识别潜在的入侵行为。IDS 通过分析流量模式和系统日志，检测异常活动和已知攻击特征。一旦发现可疑活动，IDS 会生成警报，通知安全团队进行进一步分析和响应。虽然 IDS 本身不会阻止攻击，但它提供了重要的监控和告警功能，使得安全团队能够及时采取措施。

EPS 不仅具有入侵检测系统（IDS）的监控和检测功能，入侵防御系统（IPS）还能主动阻止攻击。当检测到可疑活动时，IPS 会自动采取防御行动，例如阻断恶意流量、终止可疑进程或修改防火墙规则，以防止攻击者进一步渗透网络。这种主动防御能力使 IPS 成为端点保护解决方案（EPS）的重要组成部分，能够在攻击发生的早期阶段进行干预，从而降低攻击成功的可能性。通过实时响应和主动防御，IPS有效地增强了整体系统的安全性，为网络提供了更为坚固的防护。结合这些防护机制，EPS提供了一个多层次的防御体系，每一层都增加了攻击者成功入侵的难度。防火墙、IDS和IPS相互配合，提供了从预防、检测到响应的全方位保护。攻击者不仅需要绕过防火墙，还必须避免被IDS检测到，并且在IPS进行防御之前完成攻击。这种多层次防御策略，大大提高了网络安全性，使得系统能够更有效地抵御复杂多变的网络威胁。

2. 持续更新和改进

由于网络威胁的不断演变，EPS供应商会定期更新软件，以提供最新的威胁情报和防护措施。这些更新不仅包含新病毒和恶意软件的特征码，还包括改进的检测算法和增强的防护功能。通过持续的更新，EPS能够识别和抵御最新出现的威胁，确保船舶设备的安全性。定期更新还可以修补软件漏洞，防止攻击者利用已知的安全缺陷进行入侵。这样，船舶系统能够在不断变化的威胁环境中保持高水平的防护，确保其操作的安全性和稳定性。

（六）远程管理和监控

1. 定义和作用

许多端点保护解决方案（EPS）提供远程管理和监控功能，使安全团队能够实时监控船舶设备的安全状态。这些远程管理功能使安全团队可以从任何地点对船舶设备进行检查和维护，极大地提高了响应速度和管理效率。当系统检测到潜在的威胁或异常活动时，安全团队会立即收到警报，并能够迅速采取相应的措施，如隔离受感染的设备、执行系统修复或进行安全策略调整。这种实时监控和快速响应能力不仅确保了船舶设备在面对复杂多变的网络威胁时始终保持高水平的安全性，还能够减少因安全事件导致的停机时间和经济损失。此外，远程管理功能还支持定期安全审计和合规检查，帮助船舶运营方保持符合行业标准的安全实践，从而进一步保障船舶运营的安全性和连续性。

2. 应用在船舶上

远程管理使岸基安全团队能够协助船员处理安全事件，从而提高响应速度和处理效率。当船舶上的设备遇到安全问题时，岸基安全团队可以即时访问系统，进行诊断和修复，而无须等待现场技术人员的到来。这种即时响应能力确保了安全威胁能够迅速得到识别和处理，减少了潜在的损害。岸基团队还可以实时监控船舶系统的状态，预先发现并解决潜在问题，防止其发展成严重的安全事件。此外，远程管理还允许岸基安全团队进行定期的系统更新和安全审计，确保船舶系统始终处于最新和最安全的状态。这种协作方式不仅增强了船员处理突发事件的能力，也提升了整体船舶运营的安全性和效率。

端点保护解决方案通过多层次的防御措施和持续的安全监控，能够有效保护船舶上的计算机和设备免受恶意软件和高级持续性威胁的攻击，确保船舶运营的安全性和稳定性。

二、高级网络监控工具

这些工具提供了深度网络流量分析，能够识别和阻断潜在的入侵尝试。它们利用机器学习算法来分析流量模式，即时检测出异常行为，并迅速采取措施以阻止攻击者进一步渗透网络。

（一）深度网络流量分析

1. 详细解析网络流量

深度网络流量分析工具能够超越传统防护措施的表层检测能力，对网络数据包进行深入检查。这些工具可以详细解析网络流量中的各种协议和应用层数据，识别出隐藏在正常通信中的恶意活动。通过这种深入分析，深度网络流量分析工具能够发现常规检查无法检测到的复杂和高级威胁，提供更高层次的安全保障。这使得它们在保护网络免受隐蔽和复杂的攻击方面，发挥着至关重要的作用。

2. 实时监控

实时监控网络环境中的所有流量是深度网络流量分析工具的重要功能，确保复杂和高级的威胁难以逃脱检测。深度分析不仅能够解析各种协议和应用层数据，还能识别出隐藏在正常通信中的恶意活动。这种全面的监控和深入的解析能力使得深度网络流量分析工具能够发现常规检查无法检测到的潜在威胁，及时发现异常行为并采取措施加以防范。结果是，这些工具提供了更高的安全保障，不仅提高了网络防御的深度和广度，还增强了对未知威胁和高级持续性威胁（APT）的检测和应对能力，从而显著提升了整体网络安全水平。

（二）机器学习算法分析流量模式

1. 理解正常行为

利用大量历史数据训练的机器学习模型能够理解正常的网络行为模式，从而建立一个基准的行为模型。通过持续学习和更新，机器学习模型可以精确地识别日常网络流量中的典型行为模式，例如常规的用户登录、数据传输频率、设备间的通信等。一旦建立了正常行为的基准，这些工具就能够快速识别出偏离常规的异常活动。例如，如果某一用户账户突然从多个地理位置进行登录尝试，或者在非工作时间内出现了大量的数据传输，这些都被视为异常行为。机器学习模型能够即时检测到这些偏离正常模式的行为，触发警报，并提示安全团队进行进一步调查。机器学习模型还能动态适应网络环境的变化，持续更新和优化其行为基准。这种自适应能力使得它们能够应对新的威胁和攻击手段，不断提高检测的准确性和效率。通过这种方式，机器学习模型在识别和响应潜在威胁方面显得尤为高效和可靠，显著提升了整体网络的安全防护水平。

2. 快速判断异常

机器学习算法具备实时分析流量模式的能力，能够迅速判断并标记潜在威胁。这些算法通过对大量历史数据的学习，建立了正常网络行为的基准。当网络流量出现异常行为时，例如多个地理位置的登录尝试或在非工作时间的大量数据传输，机器学习算法会立即识别这些偏离正常模式的活动。由于这些异常行为可能是潜在的安全威胁，算法会触发警报，通知安全团队进行进一步调查。通过这种方式，机器学习算法不仅提高了威胁检测的及时性和准确性，还减少了误报率，让安全团队能够更高效地集中精力处理真正的安全问题。机器学习算法还能持续学习和更新，适应不断变化的网络环境和威胁模式，从而提供更为动态和强大的安全防护。这种实时分析和响应机制显著提升了网络安全的整体防护水平，确保系统在面对复杂和多变的网络威胁时能够保持高效和安全地运行。

（三）实时响应和阻止入侵

1. 即时阻断可疑流量

一旦检测到异常行为，安全工具会迅速采取一系列应对措施，如阻断可疑流量、隔离受感染的设备或终止异常进程。这些即时响应措施至关重要，因为它们能够在威胁对网络造成广泛破坏之前将其遏制在萌芽状态。通过实时监控和快速干预，安全工具不仅防止了恶意活动的扩散，还保护了网络的整体完整性和运行稳定性。这些措施能够显著减少数据泄漏和系统中断的风险，为组织争取宝贵的时间进行进一步的调查和恢复工作。这种即时响应机制，结合详细的日志记录和报告功能，为安全团队提供了全面的威胁情报，帮助他们在事后分析和优化防护策略，进一步提升网络的安全性和防御能力。

2. 降低风险和成本

快速反应能力使安全工具能够显著减少数据泄漏和系统损害的风险。这不仅降低了应对安全事件的成本和时间，还提高了整体的安全效率。及时的干预措施，如阻断可疑流量、隔离受感染的设备和终止异常进程，能够在威胁扩散之前将其控制在最小范围内，从而防止更严重的后果。这种高效的响应机制确保了网络的稳定性和安全性，为组织提供了更强的抵御网络攻击的能力，同时也优化了安全团队的工作流程和资源使用。

（四）提供详细报告和洞察

1. 深入了解威胁

深度分析和机器学习能力还能够生成详细的报告和洞察，帮助安全团队全面了解网络威胁的性质和趋势。这些详细信息对制定更有效的安全策略和改进现有防护措施至关重要。通过分析威胁模式、行为特征和攻击路径，安全团队可以识别系统中的脆弱点并加强相应的防护。同时，这些报告还提供了对过去攻击的深入分析，帮助团队更好地理解攻击者的手法和意图，从而提升未来的防御能力。整体而言，这些洞察和报告不仅增强了对当前威胁的应对能力，还为持续优化安全架构提供了关键依据。

2. 持续学习和改进

持续学习和适应新的威胁环境使安全工具能够不断提高其检测和响应能力。这些工具使用机器学习算法和行为分析模型，持续更新其数据库和规则，以识别和应对最新的攻击手法。每当遇到新的威胁，这些工具会学习并记录其特征和行为模式，将这些信息纳入其知识库，从而提升未来的检测准确性。与此同时，自适应能力允许安全工具实时调整其防护策略，针对不同类型的攻击采取最有效的防御措施。这种动态更新和调整机制确保了安全工具始终保持对攻击者的有力防护，不仅能够快速识别和阻止已知威胁，还能够预防和应对新型和未知的攻击，显著增强了整体网络安全态势。

（五）提高整体网络安全水平

1. 综合防护策略

结合深度网络流量分析和机器学习算法，安全工具能够通过实时监控和快速响应，有效识别和阻断潜在的入侵尝试。这种综合防护策略允许对网络流量进行深入解析，识别出隐藏的威胁，并利用机器学习模型检测异常行为和模式，从而提供更精准的威胁识别和更及时的响应。结果不仅显著提高了网络安全的整体水平，还增强了组织应对复杂和多变威胁的能力，使其能够更高效地预防和应对各种网络攻击，确保系统的稳定性和数据的安全性。

2. 确保网络环境安全

这些安全工具通过深度网络流量分析和先进的机器学习算法，确保网络环境的安全与稳定。它们实时监控所有网络活动，识别并阻止潜在威胁的入侵和扩散。这些工具能够深入解析网络流量，检测异常行为和模式，从而发现隐藏的恶意活动。通过迅速采取措施，如隔离受感染的设备、阻断可疑流量和终止异常进程，这些工具能有效遏制威胁的扩散，防止其对系统造成广泛破坏。除了实时防护，它们还生成详细的报告和洞察，帮助安全团队了解威胁的性质和趋势，优化防护策略，进一步增强系统的安全性。整体而言，这些工具不仅维护了系统的连续性和可靠性，还为网络环境提供了一个全面而坚固的安全防线，确保组织在面对复杂和多变的网络威胁时依然能够保持高效和稳定的运营。

三、VPN 解决方案

在船舶与岸基设施之间的数据传输过程中，使用虚拟专用网络（VPN）是一种有效的保护方法，可以防止数据被监听和篡改。VPN 通过建立一个加密的隧道，将数据在传输过程中进行加密，确保数据在互联网上传输时的安全性和隐私性。

（一）加密隧道的建立

VPN 在船舶和岸基设施之间建立加密隧道，确保所有传输的数据都经过加密处理。这种加密机制使得未经授权的第三方无法轻易解密数据，即使他们截获了传输的数据包。加密隧道通常采用强大的加密算法，如 AES256，这种高级加密标准几乎不可能被破解，从而保障数据的安全性。通过这种方式，VPN 有效地防止了数据在传输过程中被监听和篡改，确保了船舶与岸基设施之间敏感信息的私密性和完整性。

（二）防止数据窃听

在没有 VPN 的情况下，船舶与岸基设施之间的数据传输容易受到监听攻击。黑客可以通过各种手段截获传输中的数据，获取敏感信息，例如导航数据、通信内容和船舶运营信息。这些数据一旦落入不法分子之手，可能导致严重的安全隐患和商业损失。VPN 通过加密所有传输的数据，建立一个安全的通信隧道，使得数据在传输过程中即使被截获，也无法被解密和利用。这种加密机制防止了黑客和其他不法分子的监听，确保了信息的私密性和完整性，从而保护船舶与岸基设施之间的敏感数据不受非法访问和篡改的威胁。

（三）防止数据篡改

除了监听，数据篡改也是一个严重的威胁。在数据传输过程中，攻击者可能会对数据包进行修改，导致信息被篡改，从而影响船舶的运营和安全。VPN 通过确保数据在传输过程中始终被加密，有效防止任何篡改行为。这种加密机制不仅保护了数据的机密性，还确保了数据的完整性。加密后的数据包附带有校验信息，任何试图修改数据包的行为都会改变校验值，导致数据包无法通过 VPN 的验证机制，从而被丢弃。这样，VPN 能够在数据被篡改之前检测到异常，立即采取措施中断传输，防止错误信息影响船舶的导航、通信和运营。此外，VPN 的验证机制还提供了端到端的保护，确保数据从源头到目的地的完整传输，不受中途篡改或损坏的影响。这种全面的防护措施显著提高了船舶与岸基设施之间数据传输的安全性和可靠性。

（四）处理敏感信息

1. 加密数据传输

使用 VPN，船舶与岸基设施之间传输的所有数据都经过加密处理。这种加密方式采用强大的加密算法，如 AES256，确保数据在传输过程中保持高度的机密性。即使数据包被截获，未经授权的第三方也无法解密，确保航行计划、货物清单、气象数据和其他重要操作数据的安全性。

2. 防止数据篡改

附加校验信息保护数据的完整性，这使得任何试图修改数据包的行为都会改变校验值，导致数据包无法通过验证机制，从而被丢弃。这一机制有效防止了数据篡改，确保传输中的信息保持原始状态，不会被恶意篡改或损坏。

通过这种方式，VPN 确保了数据在传输过程中的安全性和可靠性，使敏感信息在船舶与岸基设施之间传输时得到有效保护。

3. 保护敏感信息

船舶与岸基设施之间传输的大量敏感信息，如航行计划、货物清单和气象数据，对运营安全和商业机密至关重要。这些信息一旦被泄漏或篡改，不仅会影响船舶的正常运营，还可能导致严重的安全隐患和经济损失。VPN 通过加密所有传输的数据，确保这些敏感信息在传输过程中不会被监听或未经授权地访问。加密隧道和强大的加密算法（如 AES256）使得即使数据包被截获，也无法解密，从而有效地保护了信息的机密性和完整性。此外，VPN 还通过附加校验信息来防止数据篡改，任何试图修改数据包的行为都会导致数据包无法通过验证机制而被丢弃。这一综合防护措施确保了船舶与岸基设施之间的通信安全，保护了运营安全和商业机密，避免了因信息泄漏或篡改导致的潜在风险。VPN 的使用还增强了内部管理和监控能力，使安全团队能够实时监控数据传输，及时响应任何异常活动，进一步保障系统的安全性和可靠性。

4. 强化管理和控制

强化管理和控制不仅保护数据免受外部威胁，VPN 还提高了内部管理和控制能力。通过使用 VPN，岸基安全团队能够实时监控数据传输，识别和响应任何可疑活动。管理控制台提供详细的日志记录和报告功能，帮助安全团队分析和审计数据流量，确保符合安全标准和合规要求。这样一来，VPN 不仅增强了数据传输的安全性，还提高了整体网络管理的效率和准确性，确保船舶与岸基设施之间的通信在受控和安全的环境中进行。

5. 提高数据传输可靠性

绕过地理限制和网络障碍，虚拟专用网络（VPN）确保数据传输的连续性和有效性，这对于船舶在远洋航行中保持与岸基设施的稳定通信尤为重要。船舶经常在全球范围内移动，可能会遇到不同国家和地区的网络限制或不稳定的网络连接，这些因素可能导致数据传输中断或延迟。使用 VPN 有效地解决了这些问题，建立一个加密隧道以绕过这些限制，确保无论船舶身处何地，都能与岸基设施保持稳定和安全的通信。VPN 还能够提供更高的带宽利用率和数据传输速度，使得重要的操作数据和实时通信能够顺畅进行。VPN 不仅提高了通信的可靠性，还提高了船舶的运营效率，确保关键数据的及时和安全传输，从而支持船舶的持续、安全运行。

6. 实时监控与响应

利用VPN，安全团队能够实时监控所有传输的数据，及时识别和响应任何异常或可疑活动。这个功能允许安全团队对数据流量进行持续监督，捕捉潜在的威胁迹象，并在问题扩大之前采取行动。实时监控确保了快速反应，使得任何检测到的异常行为或安全威胁可以立即得到处理。这种即时响应能力极大地减少了安全事件的影响范围和严重程度，增强了数据传输的安全性和可靠性。此外，VPN的日志记录和报告功能提供了详尽的历史数据，帮助安全团队进行后续分析和审计，优化安全策略和防护措施，进一步提升整体网络安全水平。

7. 合规性与审计

VPN的日志记录和报告功能在合规性管理方面发挥着重要作用，确保数据传输符合行业标准和法规要求。详细的日志记录提供了数据流量的全面追踪，使安全团队能够监控和审查每一个传输事件。这种透明度不仅有助于满足法律和行业监管的合规性要求，还支持定期的安全审计。通过分析日志，安全团队可以识别潜在的安全漏洞，评估网络的安全态势，并及时采取改进措施。这一过程有助于建立更强的安全防护机制，提升整体网络安全水平，确保组织在应对不断变化的威胁时保持合规和安全。

8. 保障运营连续性

使用VPN确保了船舶与岸基设施之间的数据传输在各种情况下的连续性。即使在网络不稳定或受限的情况下，VPN依然能够提供可靠的通信渠道，保障船舶运营的连续性和稳定性。通过建立加密隧道，VPN绕过网络限制和障碍，确保数据传输的安全和无间断进行。这种稳定的通信环境对船舶在远洋航行中的正常运营至关重要，有助于防止由于网络问题导致的数据传输中断或延迟，从而维持关键操作的顺利进行。

使用VPN来保护船舶与岸基设施之间的数据传输，提供了多层次的安全保障，防止数据泄漏和篡改，提高数据传输的可靠性和管理效率，从而确保船舶运营的安全和商业机密的保护。

（五）可靠性和可用性

VPN不仅可以提供安全性，还显著提高了数据传输的可靠性和可用性。通过使用VPN，船舶与岸基设施之间的数据传输能够在一个更加稳定和可靠的网络环境中进行。这种稳定性源于VPN建立的加密隧道，它不仅保护数据免受外部威胁，还能确保传输过程中的数据完整性，减少数据丢失和传输错误的可能性。VPN 的使用能够绕过地理限制和网络障碍。船舶在远洋航行时，经常需要跨越不同国家和地区的网络，这些网络可能存在限制或不稳定的情况。VPN 通过其加密隧道技术，能够有效地绕过这些限制，确保数据传输的连续性和有效性。无论船舶身处何地，VPN 都能提供一个可靠的通信渠道，确保关键数据如航行计划、货物清单和气象信息能够顺畅地传输到岸基设施。

这种可靠性和稳定性对船舶的运营尤为重要。VPN 的使用不仅保障了数据的安全传输，还提升了整体的通信效率，使得船舶在任何情况下都能保持与岸基设施的实时联系。这对航行安全、运营管理以及应对突发事件都起到了关键作用，确保船舶能够在复杂的网络环境中持续、安全地运行。

（六）管理和监控

提供额外的管理和监控功能，VPN 帮助船舶运营商和岸基管理团队实时监控数据传输的状态。通过管理控制台，安全团队能够详细跟踪数据流量，识别和检测异常活动，并迅速采取应对措施。这种实时监控能力允许安全团队查看流量来源、目的地、传输量等细节，确保任何异常行为都能被快速发现和处理。管理控制台提供的日志记录和报告功能，不仅支持实时分析，还帮助团队进行历史数据回顾和安全审计。通过这些详细的记录，安全团队可以评估过去的安全事件，了解潜在威胁的模式，并不断改进安全策略，以提高网络防护水平。及时响应是管理和监控功能的关键优势。一旦检测到异常活动，安全团队可以立即隔离受影响的设备、阻断可疑流量或调整防护措施，防止威胁扩散。这种综合性的监控和管理策略确保了网络的安全性和稳定性，有助于维护船舶运营的连续性和可靠性。VPN 的管理和监控功能不仅提供了强大的安全保障，还提升了数据传输的可靠性和网络管理的效率。安全团队能够借助这些工具，实时监控和响应，确保数据传输在各种条件下都能保持高水平的安全和稳定。

在船舶与岸基设施之间的数据传输中使用 VPN 是一种保护数据免受监听和篡改的有效方法。VPN 通过建立加密的隧道，确保所有通信都被保护，从而安全地处理敏感信息，提升数据传输的安全性、可靠性和可用性，保障船舶的安全运营。

四、自动化补丁管理工具

船舶网络安全中常见的弱点是过时的软件。自动化补丁管理工具可以帮助船舶自动更新其操作系统和应用程序，确保所有系统都运行最新的安全补丁，从而减少可被利用的安全漏洞。

（一）过时软件的安全风险

过时的软件通常包含已知的漏洞，这些漏洞容易被攻击者利用来进行各种恶意活动，如数据泄漏、系统入侵和勒索软件攻击。对于船舶来说，这些风险尤其严重，因为其操作系统和应用程序一旦被攻击者入侵，不仅会影响正常运营，还可能危及航行安全。

1. 影响正常运营

船舶依赖于各种软件系统来维持其日常运营。操作系统、导航软件、通信系统和货物管理系统等都需要持续运行，以确保船舶的高效和安全操作。过时的软件一旦被攻击，可能会导致系统崩溃或功能失效，直接影响船舶的正常运营。

2. 危及航行安全

航行安全是船舶运营的核心。一旦关键系统如导航系统和通信系统被攻破，船舶的安全将受到严重威胁。

3. 数据泄漏和勒索软件攻击

过时的软件容易成为数据泄漏和勒索软件攻击的目标。攻击者可以通过已知漏洞侵入系统，窃取敏感信息，如船舶的航行计划、船员信息和商业数据。这些信息一旦泄漏，不仅会损害船舶运营方的声誉，还可能导致严重的经济损失。例如，泄漏的航行计划可能被竞争对手或犯罪分子利用，船员信息的泄漏可能导致身份盗用和个人隐私侵害，商业数据的泄漏则可能破坏商业机密和合作关系。勒索软件攻击更为恶劣，攻击者通过加密系统数据，迫使船舶运营方支付高额赎金才能恢复访问。这种攻击不仅严重影响系统的可用性，导致运营中断，还可能在支付赎金后依然面临数据永久丢失的风险。即使恢复了访问，系统的完整性和安全性也可能受到破坏，留下后续的安全隐患。为了防范这些威胁，船舶运营方必须保持所有软件的及时更新，修补已知漏洞，实施强有力的安全防护措施，如防火墙、入侵检测系统和定期的安全审计，确保系统和数据的安全，保障船舶的正常运营和商业利益。

4. 经济损失和法律责任

由于过时软件引发的安全事故和数据泄漏，船舶运营方可能面临巨大的经济损失。首先，船舶修复费用是直接的经济损失之一。如果攻击导致系统崩溃或设备损坏，修复和更换这些设备的成本将非常高昂。其次，运营中断成本也非常可观。由于系统故障，船舶可能需要停运进行修复，这不仅会延误航程，还可能导致货物延误交付，进而影响到客户关系和公司的声誉。

货物损失赔偿是另一个重大经济负担。如果数据泄漏或系统故障导致货物丢失或损坏，船舶运营方需要对客户进行赔偿。这些赔偿金额可能相当巨大，尤其是在运输高价值或敏感货物时。赎金支付是面对勒索软件攻击时可能的经济损失。攻击者通过加密关键数据，迫使运营方支付高额赎金以恢复访问，即使支付了赎金，也无法保证数据的完整恢复或系统的安全。更严重的是，如果安全事件导致环境污染或人员伤亡，船舶运营方将面临法律责任和罚款。例如，危险品的错误处理可能引发爆炸或有毒物质泄漏，导致严重的环境污染。这样的事件不仅会导致巨额清理费用和环境修复成本，还可能引发法律诉讼和政府罚款，进一步加重经济负担。此外，人员伤亡事件将带来更高的赔偿费用和法律诉讼风险，可能包括医疗费用、赔偿金和丧失收入的补偿等。船舶运营方还需要考虑声誉损失。安全事故和数据泄漏事件会对公司的品牌形象和市场信誉造成重大打击，影响客户信任和市场竞争力。恢复品牌形象和市场信任需要长期的努力和大量的资源投入。为了避免因过时软件引发的安全事故和数据泄漏造成的巨大经济损失，船舶运营方必须重视软件的及时更新和系统的安全防护。实施严格的安全策略，定期进行系统审计和漏洞修补，培训员工的安全意识，确保操作系统和应用程序始终处于最新和最安全的状态，是保障船舶安全运营和防范经济损失的关键措施。

过时的软件在船舶网络安全中是一个显著的弱点，这些已知的漏洞可能被攻击者利用，进行数据泄漏、系统入侵和勒索软件攻击等恶意活动。关键系统如导航、通信和货物管理系统一旦被攻破，可能导致船舶偏离航线、失去通信能力或货物管理混乱，带来巨大的安全隐患和经济损失。因此，及时更新和维护软件，确保所有系统都运行最新的安全补丁，是保障船舶网络安全和运营稳定的重要措施。

（二）自动化补丁管理的重要性

自动化补丁管理工具通过自动检测并安装最新的安全补丁，确保船舶上的操作系统和应用程序始终处于最新版本。这些工具可以定期扫描系统，识别需要更新的软件，并在船舶与岸基设施建立连接时自动下载并安装更新。

1. 实时更新和漏洞修复

自动化补丁管理工具能够实时检测并修复系统中的安全漏洞，通过自动安装最新的补丁，确保所有软件都运行在最安全的版本上，减少被利用的安全漏洞。这种自动化更新方式避免了人工操作的延迟和疏忽，使得船舶能够及时获得必要的安全更新，从而保持高水平的安全防护。自动化补丁管理工具不仅定期扫描系统，识别需要更新的软件，还能够在船舶与岸基设施建立连接时自动下载并安装更新，确保更新过程的无缝进行。此外，这些工具还能提供详细的报告和日志记录，使安全团队能够追踪每一次更新的情况，确保补丁安装的成功和系统的安全性。通过消除人为操作中的不确定因素和延迟，自动化补丁管理工具显著提高了补丁管理的效率和准确性，降低了船舶因软件漏洞而遭受攻击的风险，保障了船舶的安全运营。

2. 减少操作干扰

手动更新软件需要大量的人力和时间，且容易因操作失误而造成系统宕机或其他问题。自动化补丁管理工具能够在不干扰船舶正常运营的情况下，后台静默更新软件，确保系统稳定运行。定时自动更新计划可以在船舶闲置或低负荷时进行，减少对日常操作的影响。

自动化补丁管理工具通过减少人力和时间投入、避免操作失误、后台静默更新、定时自动更新、实时监控和报告，以及提高系统稳定性，为船舶运营提供了高效、可靠的补丁管理解决方案，保障了船舶的安全和连续运营。

3. 提高管理效率

对于船舶运营商来说，管理大量船舶的网络安全是一项复杂的任务。自动化补丁管理工具可以统一管理多艘船舶的软件更新情况，提供集中化的控制和报告功能，使运营商能够全面了解和掌控每艘船舶的安全状态。通过这一集中化系统，运营商可以实时监控所有船舶的更新进度，确保每艘船舶的软件都运行在最新版本，减少安全漏洞的风险。具体来说，自动化补丁管理工具可以定期扫描所有船舶的系统，检测需要更新的软件并自动下载和安装最新补丁。这种自动化流程避免了手动更新的延迟和操作失误，确保及时修补已知漏洞。管理平台提供的报告功能还可以生成详细的更新日志和状态报告，帮助运营商快速识别和解决潜在问题。这种工具还允许运营商制定更新策略，根据船舶的运营计划安排更新。例如，可以在船舶闲置或低负荷时段进行更新，避免对日常运营的干扰。这种灵活性进一步提高了管理效率，确保更新过程顺利进行。通过使用自动化补丁管理工具，船舶运营商不仅能够提高管理效率，还能确保所有船舶保持高水平的安全防护。这种统一管理和集中控制的方式，显著增强了整体网络安全态势，减少了安全事件的发生概率，保障了船舶的安全运营。

4. 合规性保障

许多国际和行业标准要求船舶运营商定期更新软件，确保符合安全合规性。自动化补丁管理工具帮助船舶运营商满足这些要求，通过自动记录和报告更新情况，提供合规性审计所需的详细数据。

过时的软件是船舶网络安全中的一个显著弱点，自动化补丁管理工具通过自动检测和安装最新的安全补丁，有效减少了安全漏洞的风险。这些工具不仅确保了船舶操作系统和应用程序的实时更新和安全性，还提高了管理效率和合规性保障，从而为船舶的安全运营提供了强有力的支持。自动化补丁管理的实施，使得船舶能够在复杂和多变的网络环境中保持高水平的安全防护，防止潜在的网络攻击带来严重的后果。

五、入侵防御系统（IPS）

配合入侵检测系统（IDS）使用，IPS 不仅能够检测潜在攻击，还能自动采取行动阻断这些攻击，保护网络不被侵犯。这些系统能够被设定为针对网络中检测到的威胁进行动态响应，从而提供实时的保护。

（一）检测和响应的综合防护

IDS 主要负责监控网络流量，识别异常行为和潜在威胁。通过分析数据包、流量模式和系统日志，IDS 能够检测出可能的入侵活动或安全事件。它擅长发现已知的攻击特征，如病毒签名和特定的攻击模式，同时也能通过异常检测方法识别未知的威胁。例如，IDS 可以通过观察流量中的异常模式，如异常高的流量、非正常的端口使用情况或不常见的通信频率，来识别潜在的攻击。然而，IDS 本身并不采取主动措施来阻止攻击，它的主要功能是生成告警并通知安全团队，以便他们进行进一步的调查和响应。与 IDS 不同，IPS 不仅具备检测能力，还能主动响应。IPS 能够实时分析网络流量，一旦识别出攻击行为，会立即采取措施阻断恶意流量，防止攻击扩散。例如，当 IPS 检测到来自某个 IP 地址的 DDoS 攻击时，它会自动封锁该 IP 地址的流量，从而保护网络免受攻击影响。IPS 的这种动态响应能力，使其成为网络安全的重要防线。

1. 检测能力

（1）IDS 的检测能力

IDS 通过监控网络流量来识别异常行为和潜在威胁。它能够分析大量的数据包、流量模式和系统日志，寻找已知攻击的特征和异常行为。例如，IDS 可以检测到病毒签名、特定攻击模式（如 SQL 注入）和异常的流量模式。通过这些检测方法，IDS 能够识别潜在的安全事件并生成警告。

（2）IPS 的检测能力

IPS 在具备 IDS 检测能力的基础上，还能够实时分析网络流量，识别并阻断恶意流量。它使用相同的技术，如数据包分析、流量模式检测和系统日志审查，但进一步扩展到实时响应。例如，当 IPS 检测到异常高的流量时，会立即分析其来源和特征，判断是否为 DDoS 攻击，并采取相应的阻断措施。IPS 不仅能识别特定的攻击模式，还能动态适应新的威胁，通过行为分析和机器学习技术，不断提高其检测和响应能力。此实时响应机制允许 IPS 在攻击造成广泛影响之前迅速采取行动，如封锁恶意 IP 地址、修改防火墙规则或终止可疑进程，确保网络的安全性和稳定性。IPS 的日志和报告功能使安全团队能够追踪所有检测和响应活动，进行详细分析和持续改进防御策略。这种综合防护不仅提升了网络的安全水平，还增强了组织应对复杂和多变威胁的能力。

2. 主动响应

（1）IDS 的响应机制

IDS 主要通过告警和通知安全团队来响应检测到的威胁。它不会主动干预网络流量，而是依赖于安全团队的进一步分析和决策。这使得 IDS 在检测到威胁后，存在一定的响应延迟，无法立即阻止攻击的进一步扩散。

（2）IPS 的响应机制

IPS 则具备主动响应的能力。它能够在识别攻击行为的瞬间，立即采取行动阻断恶意流量。例如，当 IPS 检测到来自某个 IP 地址的 DDoS 攻击时，会自动封锁该 IP 地址的所有流量，从而保护网络免受攻击影响。IPS 还可以修改防火墙规则、终止可疑进程和隔离受感染的设备，提供全面的主动防护。

3. 动态防护

IPS 的动态防护能力使其成为网络安全的重要防线。它不仅能够检测和阻断已知的攻击，还能通过行为分析和机器学习，适应新的攻击手法。例如，IPS可以识别并阻断基于零日漏洞的攻击，确保网络安全。IPS的这种动态响应和适应能力，显著增强了网络防御的深度和广度，保护系统免受复杂和多变的网络威胁。IDS和IPS各自发挥着关键作用，IDS专注于检测和告警，IPS则在此基础上进行主动响应。通过实时分析网络流量，IPS能够识别并阻断攻击行为，提供动态和实时的保护。IPS的主动响应能力，有效防止攻击扩散，确保网络系统的安全和稳定。结合IDS和IPS的优势，网络安全防护策略能够更加全面和有效，从而提升整体防御水平。

（二）动态响应和实时保护

IPS系统能够被设定为针对网络中检测到的威胁进行动态响应，从而提供实时的保护。以下是IPS在动态响应和实时保护方面的具体功能。

1. 自动阻断恶意流量

IPS能够实时监控并分析网络数据包，一旦检测到恶意流量或异常行为，会立即采取阻断措施。这种即时响应能力使IPS在攻击造成实际损害之前迅速切断攻击路径，有效防止了潜在的安全威胁进一步扩散。通过及时识别和阻断恶意活动，IPS不仅保护了网络的完整性和可用性，还减少了修复和恢复系统的时间和成本，显著提升了整体网络安全性。

2. 修改防火墙规则

在检测到攻击后，IPS可以自动修改防火墙规则，加强对受攻击区域的保护。例如，IPS会增加对特定端口或IP地址的限制，防止攻击者利用相同的路径再次入侵。这种动态调整措施有效提高了系统的防御能力，进一步保障了网络的安全性和稳定性。

3. 终止可疑进程

IPS不仅可以阻断网络层面的攻击，还能识别并终止系统内部的可疑进程，防止恶意软件在系统内部扩散。

4. 通知和告警

尽管IPS能够自动采取行动，但它也会生成详细的告警和报告，通知安全团队。这些告警和报告确保安全团队及时了解攻击情况，并进行深入的后续分析。通过这些详细的记录，安全团队可以评估攻击的性质和范围，调整和优化防御策略，以防止未来发生类似的安全事件。这种结合自动响应与人工监督的机制，显著提升了整体网络安全的有效性和应对能力。

（三）配置和优化

为了充分发挥 IPS 的防护能力，需要对其进行精细配置和优化。安全团队应根据网络环境和业务需求，设置不同的响应规则和策略。针对高风险区域，如关键服务器和敏感数据存储区域，可以配置更严格的检测和响应规则，以确保这些区域得到最强有力的保护。例如，可以设置更低的触发阈值和更详细的监控策略，以便及时识别和阻止任何异常活动。对于普通区域，如一般用户访问的网络部分，可以设置相对宽松的策略。这种灵活性有助于避免过多的误报和不必要的阻断，减少对正常业务活动的干扰。例如，在这些区域可以使用较高的触发阈值和较少的检测规则，以保证网络流量的顺畅。安全团队还可以根据历史攻击数据和最新的威胁情报，动态调整 IPS 的配置和策略。定期审查和更新响应规则，确保 IPS 能够适应新的攻击手段和技术。同时，结合 IDS 提供的检测数据和分析结果，进一步优化 IPS 的配置，增强整体防护效果。通过这种精细化配置，IPS 能够在不同的网络区域和业务环境中提供最适合的防护措施，确保网络的安全性和稳定性。精细配置不仅提高了 IPS 的防护能力，还优化了网络性能，减少了不必要的资源消耗和业务中断，为企业的安全运营提供了坚实保障。

（四）综合安全策略

IPS 和 IDS 的结合为网络安全提供了综合性的保护策略。IDS 负责全面监控和告警，识别潜在威胁；IPS 则进行主动防御和实时响应，阻断攻击并保护系统安全。这种综合防护策略可以有效应对各种复杂的网络攻击，确保网络环境的安全性和稳定性。

1. 全面监控和识别威胁

IDS 的主要功能是对网络流量进行全面监控，通过分析数据包、流量模式和系统日志，识别潜在的安全威胁。它能够检测已知的攻击特征和异常行为，生成告警并通知安全团队。通过这种方式，IDS 为网络提供全方位的监控视角，及时发现潜在的入侵活动和安全事件，帮助安全团队迅速响应，维护网络环境的安全性和稳定性。

2. 主动防御和实时响应

IPS 在 IDS 监控和识别的基础上，提供主动防御功能，一旦识别出攻击行为，会立即采取行动阻断恶意流量，防止攻击扩散。例如，IPS 可以封锁恶意 IP 地址、修改防火墙规则或终止可疑进程，在攻击造成实际损害之前迅速切断攻击路径，有效地保障网络安全。

3. 动态调整和优化防护策略

结合 IDS 和 IPS 的监控和响应数据，安全团队可以动态调整和优化防护策略。IDS 提供的详细告警和报告信息，帮助团队分析攻击模式和威胁来源，识别安全漏洞和潜在风险。这些分析结果使得安全团队能够及时调整 IPS 的响应规则和策略，确保防护措施能够有效应对最新的威胁。根据网络环境和业务需求，安全团队可以配置不同的防护等级，对高风险区域实施更严格的监控和响应策略，如更低的触发阈值和更多的检测规则，以确保这些区域得到最强有力的保护。同时，对于普通区域，可以设置相对宽松的策略，减少误报和不必要的阻断，保证网络流量的正常运行。这种动态调整和优化机制不仅提升了整体防护效果，还确保了网络性能和用户体验的平衡，使得网络安全措施更加灵活和高效，能够迅速适应不断变化的威胁环境。

4. 提高整体防护效果

IDS 和 IPS 的协同工作使网络安全防护策略更加全面和有效。IDS 提供的告警和分析数据为 IPS 的主动防御提供了准确的信息支持，而 IPS 的实时响应能力确保了对攻击的快速处理。两者结合不仅提高了对已知威胁的检测和响应能力，还增强了对未知和新型攻击的防护效果。

5. 确保网络环境的安全性和稳定性

IDS 和 IPS 的综合防护策略能够有效应对各种复杂的网络攻击，确保网络环境的安全性和稳定性。IDS 通过全面监控网络流量，分析数据包、流量模式和系统日志，及时识别潜在的安全威胁并生成告警，通知安全团队。IPS 在此基础上，提供实时响应和主动防御功能，一旦识别出攻击行为，立即采取行动阻断恶意流量，防止攻击扩散。IPS 可以封锁恶意 IP 地址、修改防火墙规则或终止可疑进程，确保攻击在造成实际损害之前被迅速遏制。通过全面监控、实时响应和动态调整，网络系统能够保持高水平的安全防护，减少安全事件的发生频率和影响范围。这种综合防护策略不仅增强了对已知威胁的检测和响应能力，还提高了对未知和新型攻击的防护效果，保障企业的正常运营和数据安全。综合使用 IDS 和 IPS，企业可以更有效地保护其网络基础设施，确保其业务连续性和信息安全。

6. 增强应急响应能力

IDS 和 IPS 结合后的系统能够在攻击发生的早期阶段及时发现并阻止潜在

威胁，提高了应急响应能力。这种快速反应机制有助于减少安全事件对业务的影响，缩短恢复时间，降低因安全事件而导致的损失。

7. 支持合规性和审计

详细的告警、响应日志和报告由 IDS 和 IPS 生成，能够帮助企业满足合规性要求和进行安全审计。这些工具提供详细的事件记录和防护措施，使企业能够展示其积极维护网络安全的努力，符合行业标准和法规要求。通过这些记录，企业可以证明其在检测和响应网络威胁方面的有效性和及时性，确保在审计过程中提供充分的证据支持，减轻法律和合规风险。同时，这些详细的日志和报告还可以用于内部分析和优化安全策略，进一步提升企业的网络防护能力。

IDS 和 IPS 的结合，通过全面监控、主动防御和实时响应，为网络安全提供了综合性的保护策略。这种结合不仅提升了整体网络防护水平，还增强了系统的安全性和稳定性，可以有效地应对各种复杂的网络攻击。配合入侵检测系统（IDS）使用，入侵防御系统（IPS）不仅能够检测潜在攻击，还能自动采取行动阻断这些攻击，提供动态响应和实时保护。这种结合不仅提升了网络防御的深度和广度，还增强了系统应对复杂攻击场景的能力，确保网络安全不被侵犯。IPS 和 IDS 的联合作用，为网络安全提供了强有力的保障，构建了一条稳固的安全防线。

六、身份和访问管理（IAM）解决方案

身份和访问管理（IAM）系统在现代企业网络安全中扮演着至关重要的角色。它管理用户身份并控制对网络资源的访问权限，通过确保只有授权用户才能访问敏感系统和数据，显著提高了整体的安全性。

（一）用户身份管理

管理用户身份是身份和访问管理（IAM）系统的首要功能。每个用户在系统中都有一个唯一的身份，这个身份通常与用户的角色、职责和权限相关联。通过集中管理用户身份，IAM 系统能够确保所有用户信息的准确性和一致性。例如，当一名员工加入公司、调岗或离职时，系统会相应地创建、更新或删除其用户身份，确保只有当前员工才能访问公司系统。这种集中管理方式有效地防止了未经授权的访问，维护了公司内部系统的安全和数据的完整性。

（二）访问控制

IAM 系统通过定义和执行访问控制策略，来管理用户对资源的访问权限。这些策略基于用户的角色和职责，确定用户能够访问哪些系统和数据。例如，财务部门的员工可能拥有访问财务系统和数据的权限，而技术支持团队的成员则可能需要访问技术文档和支持系统。通过这种基于角色的访问控制（RBAC），IAM 系统能够有效限制用户的权限，防止未经授权的访问。

（三）多因素认证

为了进一步提高安全性，IAM 系统通常支持多因素认证（MFA）。MFA 要求用户在登录时提供多种形式的验证信息，例如密码、手机验证码和生物识别数据。这种多层次的验证方式大大降低了账户被盗用的风险，即使密码被泄漏，攻击者仍需通过其他验证步骤才能访问系统。

（四）审计和监控

提供强大的审计和监控功能是身份和访问管理（IAM）系统的一项重要特性。所有用户的登录、访问和操作记录都被详细记录，并可供安全团队审查。这些日志不仅有助于追踪用户行为，发现异常活动，还为安全审计和合规性检查提供了必要的数据支持。例如，如果某个用户在非工作时间多次尝试访问敏感数据，系统可以自动生成告警，通知安全团队进行调查。通过这种持续监控，企业能够及时发现和响应潜在的安全威胁，防止数据泄漏和其他安全事件。此外，审计日志还可以用于回溯分析，帮助识别和修补安全漏洞，提高整体安全策略的有效性。实时的监控和审计功能确保了企业对所有用户活动的透明度和可追溯性，增强了网络环境的安全性和稳定性。

（五）合规性

许多行业和法律法规要求企业对用户访问进行严格管理，并保存访问记录以备审计。IAM 系统通过自动化的身份管理和访问控制，帮助企业满足这些合规性要求。例如，在金融行业，法规要求详细记录所有对客户数据的访问情况。IAM 系统能够自动生成这些记录，并确保其准确性和完整性，从而简化了合规性管理。

（六）最小权限原则

实施最小权限原则是身份和访问管理（IAM）系统的一项关键功能，即用户只被授予其完成工作所需的最低权限。这种方法大大减少了安全风险。

例如，临时员工或实习生可能只需要访问特定项目的部分数据，而不需要全面的系统访问权限。通过严格控制权限分配，IAM 系统减少了因权限滥用而导致的数据泄漏和系统破坏的风险。最小权限原则确保每个用户只能访问与其角色和职责相关的数据和系统资源，降低了内部威胁和意外安全事件的可能性，从而提高了整体网络安全性和数据保护水平。

（七）动态权限调整

随着业务需求和用户角色的变化，IAM 系统能够动态调整用户权限。例如，当员工晋升或调岗时，IAM 系统可以自动更新其权限，确保其新角色所需的访问权限得到及时授予，同时撤销不再需要的权限。这样可以确保权限管理的灵活性和准确性，避免权限累积和滥用。

IAM 系统通过管理用户身份、控制访问权限、多因素认证、审计和监控、合规性管理、最小权限原则和动态权限调整等功能，全面提升了企业的安全性。它不仅保护了敏感数据和系统免受未经授权的访问，还确保了用户访问权限的合规性和合理性。通过 IAM 系统，企业能够有效管理和控制用户访问，降低安全风险，保障信息安全和业务连续性。

第4章 软件定义网络（SDN）在船舶中的应用

SDN 技术概述与特点

目前，云计算业务的需求量在不断增大，船舶通信设备的存储空间及信息传输速率却并不能与之保持相同的变化规律，从而导致云计算服务能力的快速下降，这也是 SDN 技术得以应用的主要原因。在海上航行环境中，数据信息的收发不及时等问题往往导致电子通信设备无法有效应用。为了避免这种情况的发生，传统异构型通信网络通过多级传输协议处理数据信息，再借助光纤通道来构建船舶电子通信关系。然而，这种系统的处理能力有限，难以完全满足海上航行通信的实际应用需求。基于此，引入 SDN 技术，设计一种新型的海上船舶现场通信网络架构，以提升通信效率和可靠性。

一、SDN 定义

软件定义网络（SDN，Software Defined Networking）是一种网络架构方法，通过将网络控制与转发功能分离，提供集中管理和动态配置的能力。传统网络中，控制平面和数据平面紧密耦合，而 SDN 通过在软件层面上进行控制，允许网络管理员更灵活地管理和优化网络资源。SDN 是一种基于软件的通信应用网络，采用互联网架构体系，可以在执行层面上分离数据信息参量，并提取有利于通信关系构建的数据，用于后续的信息传输与应用。在实际操作中，SDN 体系的节点定义受到多种因素的影响。而在海上船舶的现场通信环境中，由于外界环境多变等问题，容易导致通信数据的大量堆积，从而显著降低信息传输的速率。

设代表单位时间内的数据文件收发量均值，代表船舶通信数据的传输效率，联立上述物理量，可将 SDN 网络节点定义结果表示为：

$$K = \frac{\beta \cdot \bar{p}}{(z_{\max} + z_{\min})i}$$

其中，β 代表基于 SDN 技术的通信数据传输系数，$z_{\max}$ 和 $z_{\min}$ 分别代表最大与最小的通信传输促进性指标。

二、SDN 的特点

（一）集中控制

SDN 架构中的控制平面集中在一个或多个控制器上，这些控制器可以通过编程来管理整个网络。这种集中控制的方式使得网络管理员可以更轻松地配置和管理网络，提高了管理效率。

1. 集中管理

（1）统一控制：SDN 控制器作为网络的"脑"，能够对整个网络进行统一的管理和控制。通过控制器，所有的网络设备，如交换机和路由器，都可以被集中配置和管理，避免了分散管理带来的复杂性和不一致性。控制器提供了一个全局视图，使网络管理员能够实时监控网络状态，快速识别和解决问题。这种集中化的管理方式不仅简化了操作流程，减少了配置错误的可能性，还提高了网络的灵活性和响应速度。管理员可以通过控制器统一制定和下发网络策略，自动化配置和管理各种网络资源，确保网络始终运行在最佳状态。集中管理还使得扩展网络和集成新设备变得更加容易，进一步增强了网络的可扩展性和维护性。综上所述，SDN 控制器通过集中控制和管理，提高了网络运营的效率和可靠性，适应了现代网络复杂多变的需求。

（2）简化操作：集中管理使得网络管理员只需在控制器上进行配置即可完成对整个网络的管理任务，而不需要逐个设备进行配置，大大简化了操作流程。这种方式不仅减少了配置时间和人力成本，还降低了配置错误的风险，确保了配置的一致性和准确性。通过集中控制，管理员可以快速部署网络策略、进行实时监控和故障排除，提高了网络运营的效率和响应速度。同时，集中管理还方便了对网络资源的优化和动态调整，增强了网络的灵活性和适应性，满足了现代复杂网络环境的需求。

2. 灵活配置

（1）动态调整：SDN 控制器能够根据网络需求的变化实时调整网络配置。

管理员可以通过编程接口快速更改流量路径、分配带宽和设置安全策略，从而满足不同应用的需求。这种灵活性使得网络能够迅速适应各种变化，提高了资源利用率和整体网络性能。通过实时调整和优化，SDN控制器确保了网络的高效运行和稳定性。

（2）自动化配置：通过编写脚本或使用自动化工具，管理员可以实现网络配置的自动化，从而大幅减少手动配置的工作量和错误率。自动化工具允许管理员预先定义配置任务和网络策略，这些任务和策略可以在需要时自动执行，而无须人工干预。这种方式不仅确保了配置的一致性和准确性，还能快速应用到整个网络，提高了网络的响应速度和灵活性。例如，管理员可以编写脚本来自动化分配带宽、优化流量路径和部署安全策略，根据实时网络状况动态调整配置，满足不同应用的需求。自动化配置还使得大规模网络环境下的管理变得更加简便和高效，减少了维护成本，并显著提升了网络的可靠性和性能。通过这种自动化管理，网络能够更迅速地适应变化，提高运营效率和服务质量。

3. 增强的可见性

（1）全局视图：控制器提供对整个网络的全局视图，使管理员能够实时监控网络流量、性能和状态。通过这种集中监控，管理员可以迅速识别和诊断网络问题，进行及时的调整和修复，确保网络的稳定运行。这种全局视图不仅提高了故障排除的效率，还帮助管理员优化网络资源分配，增强网络的整体性能和可靠性。集中监控使得网络管理更加高效、透明，为维持网络的持续稳定运行提供了坚实保障。

（2）深入分析：控制器收集并分析网络数据，能够提供详细的报告和洞察，帮助管理员优化网络性能。利用这些数据，管理员可以识别网络中的"瓶颈"和潜在问题，进行针对性的调整，以提高资源利用率。控制器生成的详细报告还可以揭示网络流量模式和用户行为，为制定更有效的网络策略提供可靠依据。这些洞察使得网络管理更加精确和科学，确保网络能够高效、稳定地运行，并且适应不断变化的业务需求和技术环境。通过持续监测和分析，控制器能够帮助企业实现更智能的网络运维，优化整体网络架构，提高服务质量和用户体验。

4. 提高管理效率

（1）集中策略管理：网络策略（如安全策略、QoS策略）可以在控制器上集中定义和管理，并自动下发到所有相关设备。这种集中管理方式有效避免了多设备配置带来的不一致和管理复杂性。例如,安全策略可以在控制器上统一定义,包括访问控制列表(ACL)、防火墙规则和入侵检测参数。控制器会将这些策略自动分发到所有相关的交换机和路由器上,确保每个设备都应用相同的安全设置,维护网络的整体安全性。质量服务(QoS)策略也可以在控制器上集中配置。管理员可以设置带宽分配、流量优先级和延迟限制等参数,控制器会自动将这些策略下发到各网络节点,确保不同类型的流量得到适当的处理和优先级管理。这种统一的策略管理方式不仅简化了配置过程,还减少了人为错误,提高了网络配置的准确性和一致性。集中定义和管理网络策略使得策略更新和变更更加便捷。管理员只需在控制器上修改策略配置,控制器会自动将更新内容传播到整个网络中的所有设备。这种机制大大提高了响应速度和灵活性,能够快速适应业务需求和网络环境的变化,确保网络始终运行在最佳状态。

控制器通过集中定义和管理网络策略,简化了配置流程,避免了不一致和复杂性问题,提升了网络管理的效率和可靠性。

(2)减少运维成本:通过集中控制和自动化配置,网络管理变得更加高效,减少了对人工干预的需求,从而降低了运维成本和工作量。自动化工具能够确保配置的一致性和准确性,减少人为错误的发生率,避免了因配置错误导致的网络故障。这种方式不仅提升了网络的稳定性和可靠性,还使得运维团队能够将更多时间和资源投入网络优化和战略性项目上,提高了整体运营效率。

5. 简化故障排除

(1)快速定位问题:由于控制器具有全局视图,管理员可以更快地定位网络问题的根源。通过实时监控网络流量、性能和状态,控制器能够迅速识别异常活动和潜在故障。集中管理和监控使得故障排除变得更加高效和准确。管理员可以立即获取详细的网络状况和历史数据,快速分析问题所在,采取针对性的修复措施。这种全局视角不仅缩短了故障排除时间,还减少了对网络正常运行的影响,确保了更高的服务可用性和用户体验。集中监控提供的综合报告和分析功能,帮助管理员预测和预防未来的网络问题,进一步提升网络的稳定性和可靠性。通过全面的故障管理,企业可以维持高水平的网络性能,减少停机时间和运维成本,提高整体运营效率。

(2)统一日志记录:所有网络事件和配置变更都可以在控制器上集中记录,提供详细的日志信息,帮助管理员进行问题诊断和历史回溯。这些日志记录包含每个操作的时间、执行的具体配置、更改的内容以及相关的网络事件,提供了全面的透明性和可追溯性。通过分析这些详细的日志信息，管理员可以迅速定位问题的根源，理解故障发生的背景和原因，并采取有效的修复措施。此外，历史日志还可以用于审计和合规检查，确保网络管理操作符合法规要求，进一步提升网络安全性和管理的规范性。集中记录和详细日志功能使得网络管理更加系统化和高效化，保障了网络的长期稳定运行。

6. 优化资源利用

（1）动态资源分配：控制器可以根据实时网络流量和应用需求，动态调整资源分配，从而提高网络资源的利用率。例如，在网络高峰期，控制器可以监测到关键应用流量的增加，然后自动调整带宽分配，优先为这些关键应用提供更多的带宽资源，以保证服务质量。这种动态调整机制不仅确保了重要业务的持续运行和用户体验，还避免了资源浪费和过载的情况。控制器可以根据不同应用的需求，设置流量优先级。例如，视频会议、实时通信和在线交易等对延迟敏感的应用，可以被配置为高优先级，确保它们在高峰期依然能够获得稳定的网络支持。同时，对于不太紧急的任务，如文件备份和大规模数据传输，可以在低负荷时段分配更多带宽，从而优化整体网络性能。通过这些实时的调整和优化，控制器能够动态平衡网络负载，避免网络拥塞，提高资源利用率，确保所有应用都能获得适当的网络资源支持。这种灵活的资源管理方式不仅提高了网络的效率和可靠性，还使得网络能够更好地适应不断变化的业务需求和使用场景。通过精确控制和分配网络资源，企业可以更有效地满足各种业务需求，提升整体运营效益。

（2）流量工程：智能流量管理和路径优化由控制器负责，这可以减少网络拥塞，提高数据传输效率，优化网络性能。控制器分析实时流量数据，动态调整数据路径，确保最有效的传输路线。这样，网络资源能够得到最佳利用，减少延迟和丢包率，提升用户体验。控制器还能优先处理关键任务流量，确保重要应用在高负载条件下依然能够顺畅运行。这种智能管理方式极大地增强了网络的适应性和整体性能。

7. 提升安全性

（1）集中安全策略：控制器可以统一管理和分发安全策略，确保全网一致的安全防护措施。通过集中控制，安全策略如防火墙规则、入侵检测系统（IDS）配置和访问控制列表（ACL）等可以在整个网络中快速部署和更新。这样，所有网络设备都能及时获得最新的安全策略，保持一致的防护水平，避免因配置不一致带来的安全漏洞。当检测到安全威胁时，控制器能够迅速响应，实时调整安全策略，例如封锁可疑 IP 地址、隔离受感染的设备或增加特定区域的安全检查强度。通过这种集中管理和快速响应机制，网络能够更有效地防御攻击，减少潜在的安全风险，维护整体网络安全性。集中化的策略管理不仅简化了安全运营，还增强了策略执行的透明性和可审计性，使网络安全管理更加高效和可靠。

（2）实时威胁检测：控制器可以实时监控网络活动，检测异常行为并及时采取防护措施，增强网络的整体安全性。通过持续分析网络流量和用户行为，控制器能够识别潜在威胁，如异常的流量激增、可疑的登录尝试和未授权的数据访问。一旦发现异常，控制器可以立即执行防护措施，例如封锁恶意 IP 地址、调整防火墙规则或隔离受感染的节点。这种实时监控和响应机制确保了网络能够迅速应对各种安全威胁，减少攻击造成的损害，提升了整体安全性和稳定性。通过主动检测和防御，控制器为企业提供了更高的安全保障，确保业务连续性和数据保护。

（二）网络虚拟化

SDN 支持网络虚拟化，使得多个虚拟网络可以在同一个物理基础设施上运行。每个虚拟网络可以根据特定需求进行独立配置和管理，提高了资源利用率和灵活性。

1. 多租户环境

（1）独立虚拟网络：SDN 技术允许在单一物理网络上创建多个虚拟网络（VNs），每个虚拟网络可以为不同的部门、客户或项目独立配置和管理。这种多租户环境确保了每个虚拟网络的隔离性和安全性，防止相互干扰。例如，财务部门的虚拟网络可以专注于数据安全，确保敏感信息不被泄漏，而研发部门的虚拟网络则可以优化带宽和延迟以支持高性能计算和数据传输。通过这种方式，SDN 不仅提高了资源利用率和网络管理的灵活性，还为不同用户和应用提供了定制化的网络环境，满足了多样化的业务需求。

（2）资源共享：虚拟化使得不同租户能够共享物理网络资源（如带宽、存储和计算能力），但仍能保持各自的网络独立性，从而优化了资源使用效率。这种方式确保每个租户在共享硬件资源的同时，拥有独立的配置和管理权限，避免了资源浪费，并提高了整体网络性能和灵活性。

2. 按需配置

（1）灵活的网络配置：每个虚拟网络可以根据特定需求进行独立配置。例如，一个虚拟网络可以配置为高带宽和低延迟，以支持视频会议应用；另一个虚拟网络可以配置为高安全性，以保护敏感数据。

（2）动态调整：SDN 控制器能够根据实时需求动态调整虚拟网络的配置，例如增加带宽、改变流量路径或更新安全策略，确保网络能够灵活应对变化的业务需求。借助这一能力，网络管理员可以迅速响应不同应用和用户的要求，优化资源分配，提升网络性能。这种动态调整不仅提高了网络的适应性和灵活性，还确保了关键业务的持续性和服务质量，使得网络管理更加高效和智能化。

3. 资源利用率

（1）优化资源分配：网络虚拟化使得物理资源可以更有效地分配和利用，避免了资源闲置和浪费。例如，物理网络设备的带宽和计算能力可以根据不同虚拟网络的需求进行动态分配，提高整体资源利用率。

（2）集中管理：SDN 控制器允许管理员集中管理和监控所有虚拟网络，简化了资源分配和管理过程，提高了运营效率。利用这一集中化平台，管理员能够统一配置和优化各个虚拟网络的资源使用，快速响应各种业务需求，避免了分散管理带来的复杂性和不一致性。这样的管理方式不仅提升了网络资源的利用率，还减少了运维工作量和错误率，确保网络环境的稳定性和高效性。

4. 支持多样化应用

（1）多种业务需求：不同业务部门可能有不同的网络需求，SDN 支持网络虚拟化使得这些需求能够在同一物理基础设施上得到满足。例如，研发部门可能需要高带宽和低延迟的网络环境，而财务部门则需要高度安全的网络环境。

（2）提升服务质量：通过虚拟网络的独立配置和优化，能够提供更高质量的网络服务，满足不同用户和应用的需求，提升整体用户体验。

SDN 支持网络虚拟化，使得多个虚拟网络可以在同一个物理基础设施上运行。每个虚拟网络根据特定需求进行独立配置和管理，提高了资源利用率和灵活性。多租户环境、按需配置、优化资源利用、提高灵活性、增强安全性和支持多样化应用等特性，使得 SDN 网络虚拟化成为现代网络管理中不可或缺的技术，为企业提供了高效、灵活和安全的网络解决方案。

（三）可编程性

SDN 通过开放接口（如 OpenFlow）提供对网络设备的可编程访问，允许网络管理员使用编程语言直接控制网络行为。这种可编程性使得网络能够快速适应新需求和技术变化。

1. 开放接口

（1）开放协议：OpenFlow 是 SDN 常用的开放协议，定义了交换机和控制器之间的通信标准。通过 OpenFlow，控制器能够与交换机直接通信，修改交换机中的流表，从而控制数据流的路径和行为。网络管理员可以编程访问和控制网络设备，通过编写脚本或应用程序动态调整网络配置。这种可编程访问使得网络管理更加灵活，能够快速响应不同应用和用户的需求。管理员可以实时监控和管理网络流量，检测到流量高峰时动态调整带宽分配，确保关键应用获得足够的资源。OpenFlow 使得控制器能够快速响应网络安全威胁，通过实时监控流量、检测异常行为并立即更新流表规则来阻止恶意流量。OpenFlow 还支持网络虚拟化，使得多个虚拟网络可以在同一物理基础设施上独立运行和管理，提高资源利用率和安全性。这一协议为网络管理提供了高度的灵活性和创新性，使得管理员能够快速部署新的网络服务和应用，优化网络性能，减少延迟和丢包，确保网络资源的高效利用。

（2）标准化：使用开放接口确保了不同厂商的设备可以在同一网络中协同工作，避免了设备兼容性问题。通过标准化的通信协议，如 OpenFlow，网络管理员可以统一管理和配置各类网络设备，无论其品牌或型号。这种标准化使得网络架构更加灵活和可扩展，减少了因设备不兼容而导致的网络复杂性和管理难度。开放接口的使用不仅简化了设备集成和网络维护，还提高了网络的整体可靠性和性能，推动了更广泛的网络创新和发展。

2. 可编程控制

（1）灵活配置：网络管理员可以使用编程语言编写脚本或应用程序，动态调整网络配置，从而精细控制数据流的路径、优先级和带宽分配。这种灵活的编程能力使得网络能够迅速适应不断变化的业务需求和流量模式。管理员可以通过脚本自动化任务，如流量优化和负载均衡，确保关键应用在高峰期也能获得充足的带宽和优先级处理。此外，通过编程接口，管理员可以实时监控网络状态，检测并响应异常情况，例如调整流量路径以避开拥堵节点或分配更多带宽给需要高吞吐量的应用。这种动态调整不仅提高了网络资源的利用率，还增强了网络的整体性能和可靠性，使得网络管理更加高效和智能化。借助编程语言的灵活性，网络管理员能够实现更复杂和定制化的网络策略，确保网络始终处于最佳运行状态。

（2）自动化管理：编程接口使管理员能够自动化网络管理任务，如流量优化、负载均衡和安全策略部署，减少了手动配置的工作量和错误率。借助自动化工具，网络管理员可以预先定义各种网络策略，并在需要时自动执行，从而确保配置的一致性和准确性。自动化管理不仅提升了网络的响应速度和灵活性，还减少了人为错误导致的潜在风险。自动化的流量优化和负载均衡可以有效分配网络资源，提高整体性能和效率，同时动态安全策略部署则增强了网络的防护能力，确保系统在面对新威胁时能够迅速调整和应对。

3. 快速适应新需求

（1）实时响应：可编程性使得网络能够实时响应业务需求和流量变化。例如，在流量高峰期，控制器可以动态调整带宽分配，确保关键应用的服务质量。通过实时监控和分析网络状态，控制器可以识别高优先级流量并优先分配带宽，减少延迟和拥塞。这种灵活调整不仅保障了关键应用的连续性和性能，还优化了整体网络资源利用率，使得网络在不同负载条件下都能保持高效运行。

（2）按需调整：管理员可以根据实际需求，随时调整网络策略和配置，无须等待硬件更换或大规模网络改造，显著提高了网络的灵活性。这种动态调整能力确保网络能够快速适应变化的业务需求和流量模式，提高资源利用率和服务质量。

4. 快速引入新技术

（1）技术更新：可编程接口使得新技术和新功能可以迅速集成到现有网络中。例如，网络功能虚拟化（NFV）和边缘计算等新技术可以通过软件升级快速部署。这种灵活性加速了新技术的应用，减少了传统硬件升级的成本和时间，同时增强了网络的适应性和扩展性，使企业能够更快速地响应市场需求和技术变化。

（2）减少成本：避免了传统网络中因技术升级而导致的高昂硬件更换成本，通过软件更新实现新功能，提高了投资回报率。

5. 优化网络性能

（1）智能流量管理：编程接口赋予网络智能流量管理的能力，使其能够动态调整流量路径和优先级,减少拥塞并提高数据传输效率。网络管理员可以编写脚本来实时监控和分析网络流量,根据需求自动调整路径,确保高优先级数据包得到及时传输。这种灵活的管理方式不仅优化了资源利用,还提升了整体网络性能,确保在不同负载条件下都能维持高效、稳定地运行。智能流量管理使网络能够更好地适应不断变化的业务需求和用户期望,提高了服务质量和用户体验。

(2)资源优化:根据实时网络状态,控制器可以优化资源分配,确保网络资源的高效利用,满足不同应用的性能需求。通过动态调整带宽、流量路径和优先级,控制器能够适应各种流量变化,避免网络拥塞,提升整体性能。这种智能化的资源管理方式确保关键应用获得所需的网络资源,提高了服务质量和用户体验。

6. 支持创新应用

(1)实验平台:SDN 提供了一个灵活的实验平台,开发者可以测试新应用和新协议,而不影响生产网络,促进了网络技术的创新和发展。

(2)快速部署:新应用和服务可以通过编写代码快速部署到网络中,缩短了上线时间,提升了企业的市场响应能力。这种快速部署能力使企业能够更迅速地适应市场变化和客户需求,推出新功能和改进现有服务。同时,编程接口的灵活性和自动化配置减少了手动操作的复杂性和错误率,进一步加速了开发和部署流程,增强了企业的竞争优势。

SDN 通过开放接口(如 OpenFlow)提供对网络设备的可编程访问,使网络管理员能够使用编程语言直接控制网络行为。这种可编程性带来了灵活配置、自动化管理、快速适应新需求和技术变化等诸多优势。可编程网络不仅提高了网络的灵活性和响应速度,还增强了安全性,优化了网络性能,支持了创新应用的快速部署,全面提升了网络管理的效率和效果。

(四)灵活性和可扩展性

由于控制平面和数据平面的分离,SDN 能够更灵活地进行网络配置和优化。控制平面集中管理网络策略和配置,而数据平面负责实际的数据转发和处理。这样的架构使得新的网络设备可以快速集成到现有网络中,因为控制器可以统一配置和管理所有设备,无须对每个设备进行单独配置。这不仅简化了网络扩展和升级的过程,还减少了配置错误的风险。控制器能够实时监控网络状态,并根据需求动态调整资源分配和流量路径,确保网络性能和效率的最优化。扩展网络容量和功能变得更加容易，企业能够快速响应不断变化的业务需求，提升网络的整体灵活性和适应性。通过这种集中化的管理方式，SDN 显著提高了网络的可扩展性和灵活性，支持现代企业对高效、灵活的网络基础设施的需求。

（五）自动化和简化管理

SDN 通过自动化工具和脚本，简化了网络管理任务，如配置、监控和故障排除。自动化减少了人为错误，提高了网络的可靠性和稳定性。

1. 自动化配置

自动化工具允许管理员在 SDN 控制器上集中配置网络策略和设备设置，通过编写脚本，可以一次性应用配置到所有相关设备，确保一致性。这种统一管理方式简化了网络管理的复杂性，减少了手动配置的错误和时间。网络配置任务可以通过脚本自动执行，显著减少了手动操作的时间和复杂性，确保新设备和服务能够快速部署和上线。这种快速部署能力提高了网络的灵活性和响应速度，使企业能够更高效地适应不断变化的业务需求和技术环境。

2. 实时监控

自动化工具可以实时监控网络流量、性能和状态，及时发现异常和潜在问题。管理员可以设置自动化警报，当检测到异常情况时立即通知相关人员，确保迅速响应和处理问题。这种持续监控能力不仅提高了网络的可靠性，还能预防潜在故障的发生。自动化监控系统能够收集和分析大量网络数据，提供详细的报告和洞察，帮助管理员更好地理解网络运行状况。通过这些分析，管理员可以识别出网络中的"瓶颈"和优化机会，从而进行针对性的调整和改进，提升网络性能和效率。此外，自动化数据分析还支持长期趋势预测，帮助规划未来的网络扩展和资源分配，确保网络在不断变化的需求环境中始终保持高效稳定运行。

3. 故障排除

自动化工具可以自动执行故障检测和初步诊断，显著缩短问题识别和处理时间。例如，自动脚本可以持续检测网络设备的状态，一旦发现故障，系统会自动重新启动设备或切换到备用路径，确保网络运行的连续性和稳定性。自动化工具还记录所有监控数据和操作日志，提供详细的故障排除线索和历史回溯。这些记录可以帮助管理员分析故障原因，找出根本问题，并采取措施防止未来发生类似问题。通过快速响应和全面的历史记录，自动化工具提高了网络管理的效率和准确性，保障了网络的可靠性和安全性。

4. 减少人为错误

自动化脚本和工具确保所有网络管理任务按照标准化流程执行，避免了人为操作中的不一致和错误。通过这种标准化的执行方式，网络配置和管理变得更加可靠和一致，减少了因人为疏忽导致的故障。自动化工具可以在配置应用前进行验证，确保配置正确无误，进一步减少错误风险。这种自动验证机制有助于提前发现和纠正潜在问题，确保网络配置的准确性和稳定性，提高了整体网络管理的效率和安全性。

5. 提升可靠性和稳定性

自动化监控和管理工具能够提前检测到网络中潜在的故障和性能问题，进行预防性维护，确保网络持续稳定运行。通过实时监控网络状态，自动化系统可以识别异常指标和早期警告信号，例如带宽过载、延迟增加或设备故障的先兆。管理员可以基于这些警告进行预防性维护，如调整资源分配、更换老化设备或优化流量路径，避免潜在问题升级为严重故障。一些高级自动化系统具备自愈能力，能够在检测到故障时自动执行修复操作，最大限度地减少对网络运行的影响。例如，当系统检测到某个网络节点失效时，自动化工具可以立即切换流量到备用路径，重新启动故障设备或重新配置网络参数以绕过故障区域。这种自愈能力不仅确保了网络的高可用性，还提高了故障响应速度，减少了人工干预的需求，保障网络在面对突发问题时能够迅速恢复正常运行，维护了业务的连续性和可靠性。

SDN通过自动化工具和脚本，显著简化了网络管理任务，如配置、监控和故障排除。自动化不仅减少了人为错误，提高了配置的一致性和准确性，还提升了网络的可靠性和稳定性。实时监控、快速故障排除和预防性维护等自动化功能，使得网络管理更加高效和智能，确保网络能够稳定、高效地运行。

（六）增强安全性

SDN提供集中化的安全策略管理，可以更有效地监控和应对网络威胁。通过控制器，网络管理员可以实时更新安全策略，确保整个网络的安全防护措施始终保持最新状态。集中化管理使得安全策略的部署和更新变得更加高效和一致，避免了因各个设备配置不一致而导致的安全漏洞。实时更新安全策略的能力使SDN能够快速响应安全事件。当检测到潜在威胁时，控制器可以立即调整网络配置，例如封锁可疑 IP 地址、增加流量监控强度或隔离受感染的部分网络。这种快速响应机制大大减少了威胁在网络中传播的机会，降低了安全事件对网络的影响。SDN 控制器可以整合来自不同网络节点的安全数据，提供全面的安全态势感知。这种集中化的监控方式使得管理员能够更全面地了解网络安全状况，识别和分析潜在的安全威胁。通过详细的日志记录和分析工具，管理员可以追踪安全事件的源头，评估影响范围，并制定有效的防护策略。

SDN 通过集中化的安全策略管理和实时更新能力，提高了网络的安全性和应对能力，确保网络能够快速适应和应对各种安全威胁，减少安全漏洞，维护网络的整体稳定性和可靠性。

（七）网络资源优化

SDN 能够根据实时网络状态和流量模式，动态调整网络资源的分配和路径选择，提高网络性能和资源利用率。例如，控制器可以监测网络流量的变化，识别高流量区域和潜在"瓶颈"，通过动态调整流量路径和带宽分配，优化网络资源的使用。这种灵活的流量管理使得网络能够更高效地处理数据传输，减少拥塞，避免延迟和数据包丢失。通过流量工程优化，SDN 可以智能地调整路由流量，确保关键应用获得所需的带宽，提升整体网络性能。动态调整还可以根据业务优先级分配资源，保障高优先级任务的顺利进行，提高服务质量和用户体验。SDN 的这种自适应能力不仅增强了网络的灵活性和响应速度，还使得企业能够更加有效地利用现有网络基础设施，降低运营成本，满足不断变化的业务需求。

三、SDN 的应用场景

（一）数据中心网络

SDN 在数据中心网络中广泛应用，通过网络虚拟化和集中控制，简化了数据中心网络的配置和管理，提高了资源利用率和灵活性。网络虚拟化使得多个虚拟网络可以在同一物理基础设施上独立运行，满足不同业务部门的需求，而集中控制则使管理员能够统一配置和管理所有网络资源。这样不仅减少了手动配置的复杂性和错误风险，还允许快速部署和调整网络资源，以适应动态变化的业务需求。这种高效的管理方式不仅优化了数据中心的性能，还增强了其灵活性和扩展性，使得企业能够更快速地响应市场变化和技术革新。

(二)广域网(WAN)优化

SDN 技术用于广域网优化,提供智能路径选择和流量管理,减少延迟和带宽消耗,提高网络性能和可靠性。

1. 智能路径选择

SDN 控制器可以根据实时网络状态和流量负载动态调整路由路径,确保数据流通过最优路径传输。这样可以避免拥堵路径,提高传输效率。通过智能路径选择,SDN 可以实现多路径传输、分散数据流量、均衡网络负载,进一步提升网络性能和可靠性。SDN 控制器能够识别不同类型的应用流量,并为其选择最佳路径。例如,实时视频和语音流量可以被优先处理,确保低延迟和高质量。这种基于应用的路由策略使关键业务应用获得优先级处理,保障其性能稳定和服务质量。智能路径选择和动态路由调整的结合,使 SDN 能够灵活应对复杂网络环境中的多种挑战,优化资源利用,提升整体网络的可靠性和效率。

2. 流量管理

SDN 允许管理员为不同类型的流量设置优先级,确保关键业务应用获得足够的带宽和优先处理。这种流量管理策略在高负载情况下尤为重要,有助于维持重要应用的性能和稳定性。SDN 通过流量监控和管理可以优化带宽使用,减少不必要的带宽消耗。例如,可以压缩或限制低优先级流量,为高优先级应用腾出更多带宽。SDN 还支持复杂的流量工程策略,能够根据流量模式和网络需求动态调整资源分配,优化整体网络性能。通过这些功能,SDN 有效提升了网络的效率和可靠性,确保关键应用在任何情况下都能获得最佳支持。

3. 减少延迟

智能路径选择可以显著减少数据传输路径的跳数和延迟,提升应用响应速度。结合边缘计算,SDN 能够将计算和存储资源移动到网络边缘,缩短数据传输距离,进一步减少延迟。这种结合不仅提高了数据处理的效率,还增强了用户体验,确保关键应用在低延迟环境下运行。

4. 提高可靠性

SDN 具备自动故障检测和修复能力,能够在检测到网络故障时快速切换路径,确保网络连续性。这种能力使得网络能够及时应对意外情况,减少服务中断时间,提高整体网络的稳定性和可靠性。此外,SDN 可以配置冗余路径,在主路径发生故障时自动切换到备份路径,进一步增强网络的可靠性。这种冗余配置确保即使在某条路径出现问题时,网络流量仍然可以顺利传输,不会影响关键业务应用的运行。通过自动故障修复和冗余路径配置,SDN显著提升了网络的弹性和容错能力,确保网络在各种突发情况下仍能保持高效运作。

5. 带宽节约

通过精细的流量管理和带宽优化,SDN能够高效利用网络资源,避免带宽浪费,降低运营成本。管理员可以设定流量优先级,动态调整带宽分配,确保关键应用获得必要的资源,同时限制低优先级流量的带宽占用。这种优化策略使得网络资源得到最大化利用,减少了不必要的带宽消耗。SDN技术可以结合流量压缩和去重功能,进一步减少传输的数据量。流量压缩通过减少数据包的大小,提高传输效率,使得更多的数据可以在相同的带宽下传输。去重功能则通过识别和消除重复的数据包,避免相同的数据被多次传输,进一步节省带宽。结合这些功能,SDN不仅提高了网络的传输效率,还显著降低了带宽需求,节约了运营成本。这些措施共同作用,使得网络运行更加高效、经济。

SDN技术在广域网优化中,通过智能路径选择和流量管理,有效地减少了延迟和带宽消耗,提高了网络性能和可靠性。动态路由调整、多路径传输、流量优先级设置、带宽优化和故障自动修复等功能,使得SDN能够适应复杂的网络需求,提供高效、可靠的网络服务。

(三)企业网络

在企业网络中,SDN能够简化分支机构网络的管理和配置,通过集中控制和自动化工具,大幅提高网络的灵活性和安全性。SDN控制器提供了统一的管理平台,集中管理所有分支机构的网络设备和配置,减少了分散管理的复杂性和不一致性。自动化工具则使得网络配置和更新变得更加高效,管理员可以通过编写脚本或使用模板,一次性应用网络配置到所有分支机构,确保配置的准确性和一致性。实时监控和动态调整功能使得企业能够根据实际需求,灵活调整带宽分配和流量路径,优化资源利用。集中化的安全策略管理和实时威胁响应能力,增强了网络的整体安全性,确保分支机构网络在面对安全威胁时能够迅速响应和防护。通过SDN,企业不仅提高了网络管理的效率,还增强了网络的灵活性和安全性,能够更加敏捷地适应市场变化和业务需求。

（四）5G 和移动网络

SDN 技术在 5G 和移动网络中的应用，通过灵活的网络切片和动态资源分配，支持多样化的业务需求和高效的网络管理。网络切片技术使得运营商可以在同一物理网络基础设施上创建多个虚拟网络，每个虚拟网络可以根据特定的业务需求进行独立配置和管理。这种能力使得 5G 网络能够同时支持低延迟、高带宽的增强型移动宽带（eMBB）、大规模物联网（mMTC）和超可靠低延迟通信（uRLLC）等多种应用场景。动态资源分配是另一个关键优势。SDN 控制器可以实时监控网络流量和资源利用情况，动态调整带宽、计算资源和存储资源的分配，以满足不同业务的需求。比如，在高峰期，可以为视频流服务分配更多的带宽，确保用户体验；而在非高峰期，可以将资源重新分配给其他需要的应用，如工业物联网（IIoT）或智能交通系统。这种灵活的资源管理和配置方式，不仅优化了网络性能和资源利用率，还显著提高了网络的响应速度和适应能力。SDN 还提供了集中化的控制和管理，使得网络运营和维护更加高效。通过自动化工具，网络配置和更新可以快速完成，减少了人工操作的错误率和工作量。同时，SDN 的可编程性使得网络能够快速适应新的技术发展和业务需求，为 5G 和移动网络的持续创新提供了坚实的基础。

SDN 技术在 5G 和移动网络中的应用，通过灵活的网络切片和动态资源分配，支持了多样化的业务需求，提升了网络管理的效率和灵活性，为 5G 网络提供了强大的支持。SDN 技术通过分离控制平面和数据平面，实现了网络的集中管理和动态配置。其特点包括集中控制、网络虚拟化、可编程性、灵活性和可扩展性、自动化和简化管理、增强安全性和网络资源优化。SDN 在数据中心网络、广域网优化、企业网络、5G 和移动网络等领域有广泛的应用，为现代网络架构提供了灵活、高效和安全的解决方案。

船舶网络中基于 SDN 的实际应用案例

——马士基航运公司船舶网络管理和优化

一、背景

马士基国际航运公司在管理其全球船队时遇到了多重挑战,包括网络延迟、数据传输效率低下、安全风险以及难以灵活适应不同航行需求的问题。船舶在海上航行时,需要不断与岸基设施、其他船舶以及应急响应中心保持通信,以确保航行安全和运营效率。然而,传统的网络架构难以应对这些复杂的需求,尤其是在面对恶劣海况和不稳定的通信环境时。

二、目标

(1)提高船舶与岸基设施之间的通信效率和稳定性。
(2)动态调整网络资源,优化数据传输。
(3)增强网络安全性,防止数据泄漏和网络攻击。
(4)简化网络管理,减少运维成本和工作量。

三、解决方案

采用基于 SDN 的网络架构,对船舶网络进行全面升级。SDN 控制器位于岸基数据中心,通过卫星通信链路与船舶上的网络设备通信。每艘船舶上的网络设备,包括交换机、路由器和防火墙,都支持 SDN 协议(如 OpenFlow)。

四、实施步骤

(一)网络虚拟化和切片

网络虚拟化和切片在每艘船舶上部署支持 SDN 的交换机和路由器,利用 SDN 控制器进行网络虚拟化。通过网络切片技术,为不同类型的数据流(如导航数据、船员通信、监控视频和业务数据)创建独立的虚拟网络。

每个虚拟网络根据业务需求进行独立配置和管理，确保高优先级的导航和安全数据流得到充分保障，而娱乐和其他非关键数据流可以被限速处理。

（二）动态资源分配

SDN 控制器实时监控每艘船舶的网络流量和资源利用情况。根据实时需求，动态调整带宽分配，优化数据传输路径。在海上高峰期，如靠港或穿越繁忙航道时，优先为导航和通信数据分配更多带宽，确保船舶操作的安全性和有效性。

（三）增强安全性

通过 SDN 控制器集中管理安全策略，包括防火墙规则、入侵检测系统（IDS）配置和访问控制列表（ACL）。实时监控网络流量，检测并阻止异常行为和潜在威胁。例如，控制器可以检测到不明来源的大量数据请求并立即采取措施阻止这些请求，防止潜在的网络攻击。

（四）自动化运维

实现网络配置和管理的自动化。通过编写脚本和配置模板，网络管理员可以一次性将配置应用到所有船舶，减少手动操作的时间和错误。自动化监控工具实时检测网络设备状态，自动执行故障检测和修复操作。例如，当检测到某台交换机出现故障时，系统可以自动重新启动设备或切换到备用路径，确保网络的持续运行。

五、实际应用效果

（一）通信效率提升

通过动态调整和优化数据传输路径，船舶与岸基设施之间的数据传输延迟显著降低，通信效率提升了约 30%。

（二）网络资源优化

资源利用率提高了 20%，带宽消耗减少，尤其是在数据高峰期，关键数据流量得到了优先保障。

（三）安全性增强

集中化的安全策略管理和实时威胁响应能力，使得网络攻击事件减少了 50% 以上，数据安全得到了有效保障。

（四）运维成本降低

自动化配置和管理减少了 50% 的运维工作量和成本，网络故障响应时间缩短了 40%。

六、总结

基于 SDN 的网络架构升级，马士基航运公司不仅提升了船舶与岸基设施之间的通信效率和安全性，还显著降低了运维成本和复杂性。采用 SDN 技术，使网络管理更加灵活和高效。网络虚拟化和切片技术允许不同类型的数据流在同一物理网络上独立运行，确保关键应用获得优先级处理。动态资源分配和智能流量管理优化了带宽使用和数据传输路径，提高了整体网络性能。集中化的安全策略管理和自动化监控与故障修复显著增强了网络的安全性和可靠性，减少了人为操作错误和安全漏洞。结果是，该公司能够更高效地管理其全球船队的网络需求，适应不断变化的业务环境，为现代化航运运营提供了坚实的技术支持。

第 5 章 虚拟化技术与云计算

船舶网络虚拟化技术概述

传统的船舶制造过程在经济和人力资源方面的消耗巨大，实际的船舶设计过程中常常因为计算机工作站和船舶设计软件的使用率不高而导致资源浪费。而计算机虚拟化技术的应用可以显著提升资源的利用效率，从而有力地促进了船舶企业和船舶设计公司的发展。

一、虚拟化技术概述

在计算机应用领域，虚拟化技术是一种资源管理技术。在实际应用中，虚拟机与物理机具有相同的功能，是用于运行操作系统和应用程序的软件计算机。管理程序作为虚拟机的运行平台，能够整合计算资源。每个虚拟机都包含自己的虚拟硬件组件，包括虚拟 CPU、内存、硬盘和网络接口卡。称为管理程序的软件安装在虚拟化数据中心的物理硬件上，作为虚拟机的平台。管理程序根据需求动态分配物理硬件资源，以支持虚拟机的运行。借助管理程序，虚拟机能够在一定程度上独立于底层物理硬件运行。例如，虚拟机可以在物理主机之间迁移，或将虚拟机的虚拟磁盘从一种存储类型转移到另一种存储类型，而不会影响其运行。由于虚拟机与特定的底层物理硬件解耦，通过虚拟化技术可以将物理计算资源（如 CPU、内存、存储和网络）整合到资源池中，从而动态灵活地将这些资源分配给虚拟机。通过相应的管理软件，还可以使用多种功能来提高虚拟基础架构的可用性和安全性。

虚拟化技术能够为船舶设计人员提供虚拟设计环境的支持。众所周知，传统的设计工作缺乏虚拟化技术的辅助，一旦出现设计失误或数值错误，实际工作将受到较大阻碍，甚至可能导致严重的经济损失。当前的船舶设计网络工作也受益于虚拟化技术的重要作用。通过虚拟化技术，船舶设计人员可以更高效地进行设计工作，减少错误和风险，提高整体工作效率和经济效益。

二、虚拟化技术的基本分类

（一）硬件虚拟化

硬件虚拟化实际上是对计算机或整个操作系统进行虚拟化，从而创建另一个抽象的计算机平台。简单来说，就是通过虚拟化技术构建了一台虚拟的裸机，然后操作人员可以在这台虚拟的裸机上安装各种操作系统。硬件虚拟化的产品非常丰富，包括 VMware 的 vSphere 和 Citrix 的 Xen 等。

与真实的计算机相比，虚拟的裸机更易于控制和检查，其配置工作也更加灵活。此外，虚拟裸机中的故障不会对原有的计算机造成损害，也不会导致系统崩溃。硬件虚拟化的类型多样，包括完全虚拟化和半虚拟化等。在完全虚拟化中，虚拟机完全模拟真实硬件，因此可以运行任何操作系统而无须修改。这种方式通常通过硬件辅助虚拟化技术（如 IntelVTx 或 AMDV）实现，以提高性能和兼容性。半虚拟化则要求操作系统经过修改，以便与虚拟机管理程序（如 Xen）协作。这样可以减少虚拟化开销，提高性能，但限制了可以使用的操作系统种类。

硬件虚拟化技术提供了更高的灵活性和安全性，使计算资源的管理和分配更加高效，并有效降低了操作风险。

（二）存储虚拟化

存储虚拟化在计算机虚拟化技术中具有重要地位，能够通过虚拟化的方式对整个网络系统的资源进行统一整合和管理。这对于当前的船舶设计网络尤为重要，因为它能够显著提高工作效率。

1. 统一整合和管理存储资源

存储虚拟化技术能够将分散的存储资源进行统一整合和管理，创建一个高效的数据中心模式。这种整合使得资源利用率大幅提升，管理变得更加便捷，同时提供了灵活的扩展能力。对于船舶设计等需要大量数据处理和存储的工作，存储虚拟化提供了强有力的支持，显著提高了工作效率，减少了资源浪费，并确保了数据的安全和可用性。通过这种技术，设计团队可以更专注于创新和创意，实现更高效、更可靠的设计流程。

2. 分布式扩

存储虚拟化使得存储介质易于扩展，使多个异构存储服务器能够共同实现存储功能。这种分布式扩展特点显著提高了系统的灵活性和扩展性，使资源能够根据需求动态调整，确保系统高效运行，满足不断增长的存储需求。

3. 虚拟本地硬盘

虚拟本地硬盘的使用方式与传统本地硬盘相同，用户可以直接访问和操作。这种特性简化了操作流程，使得船舶设计网络的工作更加方便和高效，用户无须学习新的操作方法，即可充分利用虚拟化技术带来的灵活性和资源优化，从而提升整体工作效率和生产力。

4. 安全认证和证书管理

新建用户在加入虚拟化系统之前，必须经过严格的安全认证并获得相应的证书。这种安全措施确保了系统的完整性和安全性，防止未经授权的访问，保护敏感数据不受侵害。对于设计工作而言，这种安全性至关重要，因为设计过程往往涉及大量的机密信息和知识产权。通过实施安全认证和证书管理，虚拟化系统不仅提升了数据保护水平，还增强了用户信任度，有助于在安全可靠的环境中进行高效的协同工作，进一步推动项目的顺利进行和成功交付。

5. 数据加密保护

为了确保虚拟机中用户数据的私密性，存储数据的过程必须进行加密。加密后的数据只有经过特殊授权的用户才能解密和查看，其他人无法访问。这种数据保护措施极大地提高了用户数据的安全性和私密性，防止数据泄漏和未经授权的访问。在虚拟化环境中，数据加密是保障敏感信息安全的重要手段，确保设计工作和业务运营在安全、受保护的环境中进行。

存储虚拟化技术具备这些功能和特点，能够显著提升船舶设计网络的效率和安全性，为船舶设计工作提供强有力的支持。这种技术的应用不仅优化了资源管理，还增强了数据保护，使设计流程更加流畅和可靠。

（三）桌面虚拟化

桌面虚拟化通过将用户的桌面环境与终端设备分离，实现了系统维护和管理的便利性。在实际应用中，虚拟化后的桌面让维护人员能够更高效地进行管理和恢复操作。例如，在船舶设计网络工作中，若出现系统问题，维护人员可以迅速恢复虚拟桌面，确保设计工作的连续性和高效性。这种能力对船舶设计网络至关重要，因为它减少了因故障而引起的停工时间，保持了工作的流畅性。通过桌面虚拟化，系统更新和补丁管理也变得更加集中和高效，从而进一步提高了整体工作效率，降低了维护成本和复杂性。对于船舶设计这种高要求的工作环境，桌面虚拟化提供了一种灵活、安全且高效的解决方案，使得设计团队能够专注于核心设计任务，而无须担心技术故障带来的干扰。

（四）网络虚拟化

网络虚拟化是一种通过软件重新定义网络架构的技术。用户可以使用这种技术，将传统的硬件网络设备抽象成软件层，从而实现更加灵活和高效的网络管理。通过网络虚拟化，核心路由器和交换机的处理能力得到极大提升，网络资源的利用率也显著提高。

在船舶设计网络中，网络虚拟化的优势尤为重要。船舶设计工作通常需要处理大量的数据，包括复杂的设计图纸和模拟数据。这些数据需要在网络中高速传输和处理，传统的硬件网络架构可能无法满足这样的高需求。而通过网络虚拟化，可以动态调整网络资源，确保数据传输的高效性和稳定性，从而支持船舶设计工作的顺利进行。网络虚拟化还提高了网络的可管理性。维护人员可以通过虚拟化平台，集中管理网络设备和资源，快速定位并解决网络故障，减少网络中断时间。这对于船舶设计这样需要高连续性和高可靠性的工作环境来说，尤为重要。网络虚拟化还能增强网络的安全性。通过软件定义网络（SDN）技术，网络管理员可以灵活设置和调整网络安全策略，及时应对各种安全威胁，保护设计数据的安全。虚拟化网络环境还支持多租户隔离，确保不同项目和团队之间的数据互不干扰，提升了整体的网络安全水平。

网络虚拟化为船舶设计网络提供了高效、灵活、安全的解决方案，能够显著提高设计工作的效率和可靠性，满足现代船舶设计日益复杂和高要求的需求。

三、虚拟化技术在船舶设计网络中的应用

对当前国内船舶设计网络工作的研究和调查显示，船舶设计工作主要使用的软件包括 AutoCAD、AvevaMarine、Intergraph、CADDS5，以及一些昂贵的船舶分析设计软件如 Napa、HydroSTAR&ARIANE、FRIENDSHIP、MSCNastran。这些软件的使用效率直接影响到船舶研发的工作效率。同时，这些大型船舶性能分析设计软件对服务器和网络交换机的性能要求也非常高。随着 IT 需求和资源需求的不断增加，以及预算的日益紧缩，计算机虚拟化技术在这种环境下显得尤为重要。虚拟化技术不仅能提高资源利用率，还能显

著节省成本,提升船舶设计工作的整体效率。在船舶设计过程中,如果这些昂贵的船舶分析设计软件仅安装在个人的计算机工作站上,就只能通过该工作站进行本地操作。异地的联合设计人员只能通过出差或邮寄加密狗的方式来使用这些软件,这不仅增加了船舶设计的成本,还降低了设计效率。邮寄加密狗还有丢失的风险。

在船舶设计网络工作中应用硬件虚拟化技术后,可以有效利用高性能服务器,完成多种业务处理。应用硬件虚拟化技术后,机房中的服务器数量可以减少,从而降低能耗。此外,传统船舶设计网络需要大量终端计算机设备,如果不加以控制,会造成资源浪费。而利用硬件虚拟化技术,可以通过一台计算机终端设备虚拟出多台计算机终端,使得工作人员使用较少的计算机设备即可完成设计网络工作。这不仅提高了资源利用率,还减少了硬件成本和维护费用。

在实际的船舶设计网络过程中,网络虚拟化技术可以得到应用。应用之后,船舶设计数据能够被统一管理和整合。随着各种数据和信息利用速度的加快,一个统一的存储系统得以建立,从而显著提升资源利用效率。此外,在实际设计工作中,还可以引入虚拟磁带库,实现数据的备份和恢复,这对于船舶设计网络工作至关重要。因此,相关工作人员应重视网络虚拟化技术的应用,确保其在设计工作中得到充分利用,从而提高设计效率。在船舶设计网络工作中应用桌面虚拟化技术后,可以建立一个方便且安全可靠的客户机体系。通过虚拟化技术,桌面环境集中存放在服务器上,系统配置统一,未经授权的用户无法修改系统配置。这意味着虚拟化桌面具有高度的安全性,能确保系统的完整性和数据的安全。此外,集中管理的桌面环境使得系统维护和更新更加高效,进一步提高了整体工作效率。

网络虚拟化技术能够显著提升船舶设计网络核心交换机的性能。船舶设计网络工作对设备性能要求非常高,而网络虚拟化可以满足这一需求,同时还可以显著提高网络的安全性。在设计工作过程中,设计人员可以利用虚拟机进行多条件、多状态的船舶性能分析,从而提高设计效率,缩短船型研发周期。传统的船舶设计工作通常会导致资源浪费,并且对计算机终端设备的性能要求较高,虚拟化技术的应用解决了许多这样的问题。因此,虚拟化技术在船舶设计网络中的应用应得到推广,并不断优化和完善。这对于船舶设计工作的未来发展具有重要意义。

云计算在船舶网络工程中的应用与优势

一、资源整合与优化

云计算能够将分散的计算资源进行整合,形成一个统一的资源池。对于船舶网络工程来说,这意味着可以随时随地调用所需的计算资源,不再受限于本地硬件设备的性能。这种资源的动态分配和优化利用,极大地提高了设计和分析工作的效率。

(一)资源整合与优化

云计算通过整合分散的计算资源,形成一个统一的资源池。对于船舶网络工程而言,这意味着团队可以利用云计算平台随时随地调用所需的计算资源,而不再受限于本地硬件设备的性能。这种整合不仅提升了资源利用率,还允许设计和分析任务在更高效的环境中运行。设计人员可以在任何地点和时间访问强大的计算资源,进行复杂的仿真和分析工作,极大地提高了工作效率。此外,云计算平台的弹性扩展能力能够根据需求动态调整资源分配,确保在高峰期提供足够的计算资源,同时在低需求时节约成本。这种灵活性和高效性,使船舶设计过程更为顺畅和经济,为项目的成功提供了强有力的支持。

(二)随时随地访问

1. 随时随地的访问能力

船舶设计团队成员可以通过互联网访问云计算资源,无论他们身处何地。这意味着在办公室、家中、出差途中,甚至在不同国家的团队成员都可以实时连接到同一个工作平台。这种灵活性消除了地理限制,使得团队成员可以在不同时间和地点无缝协作。通过云计算平台,设计文件和数据可以即时共享和同步,团队成员能够实时查看和编辑最新版本,避免了信息滞后和版本冲突的问题。这不仅提高了协作效率,还促进了团队沟通和决策速度,使项目进展更加顺利。云计算还提供了强大的安全保障,确保敏感数据在传输和存储过程中得到保护,为远程协作提供了可靠的基础。云计算的应用极大地提升了船舶设计团队的工作效率和灵活性,适应了现代工作方式的需求。

2. 提高远程工作的便捷性

在传统的工作环境中，远程工作的一个主要挑战是对本地硬件和软件的高度依赖。通常情况下，船舶设计团队需要依靠高性能的本地计算机和专用软件来完成设计和分析任务。这种依赖性意味着每个团队成员都需要配备昂贵且高性能的设备，并且需要确保软件安装和配置正确。这不仅增加了硬件成本，还带来了维护和升级的复杂性。云计算通过将计算资源和设计软件集中在云端，彻底改变了这种情况。云计算平台将所有必要的计算资源、设计软件和数据存储集中在云端。团队成员可以通过互联网访问这些资源，而不需要在本地安装和维护高性能计算机和复杂软件。这种集中化的资源管理简化了设备需求，使得远程工作变得更加便捷。由于计算任务和软件运行都在云端进行，团队成员只需一台能够联网的设备即可进行高效工作。这种设备可以是笔记本电脑、平板电脑甚至是智能手机，只要能访问互联网，就可以登录云计算平台，进行设计和分析工作。这大大降低了对高性能本地设备的需求，节省了硬件购买和维护的成本。

云计算提供了随时随地的访问能力。团队成员不再受限于固定的工作地点，可以在办公室、家中、出差途中，甚至在全球任何有网络连接的地方进行工作。这种便捷性使得远程工作和跨地域协作变得更加简单高效。在传统的工作环境中，软件更新和系统维护是一个耗时且复杂的过程。而在云计算环境中，这些任务由云服务提供商负责。团队成员总是使用最新版本的软件和系统，无须担心维护和升级问题。这不仅提高了系统的稳定性和安全性，还进一步减轻了 IT 部门的负担。通过云计算平台，团队成员可以实时共享和编辑设计文件，进行协作和沟通。所有的设计数据都存储在云端，确保每个成员访问的都是最新的版本。这避免了传统远程工作中常见的信息滞后和版本冲突问题，使得团队协作更加顺畅高效。云计算服务提供了强大的安全保障措施，包括数据加密、访问控制和定期备份等。这些措施确保了远程工作的安全性，保护了敏感的设计数据不被泄漏或丢失。团队成员可以放心地在任何地点进行工作，而无须担心数据安全问题。云计算通过将计算资源和设计软件集中在云端，显著降低了对本地高性能设备的依赖，使得远程工作更加便捷高效。团队成员只需一台联网设备即可进行高效工作，随时随地访问所需资源，进行实时协作和沟通。这种便捷性和灵活性不仅提高了工作效率，还节省了硬件成本和维护开销，为现代船舶设计团队提供了一个更为高效和经济的工作方式。

3. 实时协作与沟通

云计算平台提供了强大的实时协作工具，使得船舶设计团队可以同时编辑和查看设计文件，进行实时讨论和反馈。这种实时协作能力大大提高了工作效率，减少了因信息传递延迟和沟通不畅而导致的错误和时间浪费。团队成员可以在不同地点通过云平台共享最新的设计数据，确保所有人都能访问到最新版本，避免了版本冲突和重复工作的问题。此外，实时协作工具还支持即时通信、视频会议和屏幕共享，使团队成员能够迅速解决设计过程中遇到的问题，作出及时的决策和调整。这种高效的协作模式不仅加快了设计进程，还提高了整体项目的协调性和质量，为船舶设计工作提供了更强大的支持和保障。云计算的实时协作能力使得复杂的船舶设计项目能够更加顺畅地推进，极大地提升了团队的工作效率和项目成功率。

4. 资源共享与统一管理

云计算使得设计资源和数据可以集中存储和管理，团队成员可以随时访问最新的设计文件和数据。这种集中存储方式带来了多个显著的优势：

集中存储和管理确保了所有团队成员都能访问到最新的设计文件和数据，避免了版本混乱和信息滞后的问题。在传统的本地存储模式下，不同成员可能会有各自的版本，这容易导致版本冲突和重复工作。而云计算平台通过统一的数据存储，使得所有修改和更新都能即时同步，确保团队成员始终在同一版本上工作。资源共享和统一管理极大地提高了数据的一致性和准确性。所有的设计数据和文件都存储在一个集中位置，系统会自动进行备份和版本控制。这样不仅防止了数据丢失，还确保了数据的完整性。每次修改都会记录在案，团队成员可以随时查看历史版本和修改记录，清楚地了解每一次变更的细节和原因。云计算简化了版本控制和权限管理。在传统的工作环境中，版本控制和权限管理是复杂且耗时的任务，需要手动跟踪文件的变化和设置访问权限。而在云计算平台上，这些任务可以通过自动化工具和管理系统轻松完成。管理员可以设置不同的权限级别，确保只有授权人员可以访问和修改特定文件。权限管理的自动化和精细化，不仅提高了数据安全性，还减少了人为错误的可能性。

云计算还提供了强大的协作工具，支持多人同时编辑同一文件，进行实时讨论和反馈。这种实时协作模式消除了信息传递的延迟，使团队成员能够更加高效地沟通和协作。每个人的修改和意见都能即时反映在文件中，团队可以迅速达成一致，推动项目进展。云计算通过集中存储和管理设计资源和数据，实现了资源共享和统一管理，提高了数据的一致性和准确性，简化了版本控制和权限管理。这种高效的资源管理方式不仅提升了团队的工作效率和协作水平，还确保了数据的安全性和可靠性，为船舶设计项目的顺利进行提供了强有力的支持。

5. 加快决策和响应速度

由于团队成员可以随时访问和共享信息，决策过程变得更加快速和高效。云计算平台使管理层和设计人员能够在云端实时查看项目进展，获取最新的设计数据和分析结果。这种即时访问的能力意味着决策者可以迅速掌握项目的当前状态，识别潜在问题并采取必要的措施。实时的数据共享和协作功能使得团队成员能够即时沟通和交换意见，快速达成共识并做出调整。通过减少信息传递的延迟和沟通不畅的障碍，云计算平台确保了设计流程的连续性和流畅性。管理层可以利用云平台的分析工具对项目数据进行深入分析，制定更精准和科学的决策。这种高效的决策机制不仅提高了项目的执行速度，还增强了团队的响应能力，确保项目按计划推进，减少延误和成本超支的风险。云计算的应用为船舶设计项目的管理和执行提供了强大的技术支持，使得整个项目团队能够更加灵活、高效地工作，从而提升了整体项目的成功率和质量。

6. 应对突发状况

在遇到突发状况或紧急任务时，云计算的灵活性使得团队成员可以立即响应和处理问题。云计算平台提供了强大的支持功能，无论是系统故障、数据恢复还是紧急设计修改，都能迅速提供解决方案。因为所有数据和应用都托管在云端，团队成员可以从任何有网络连接的设备上进行访问和操作，这意味着即使在不同的地理位置，团队也能同步协作，迅速应对突发情况。系统发生故障时，云计算平台的自动备份和冗余机制可以快速恢复数据，避免因数据丢失而导致的工作中断。对于紧急设计修改，设计人员可以实时在云端进行调整和更新，确保最新的设计版本立即可用，避免了传统工作模式下需要耗费大量时间进行数据传输和同步的问题。云计算的这种灵活性和高效性不仅保障了项目的连续性和稳定性，还提升了整个团队的应急反应能力，使得船舶设计项目能够更顺利地进行，减少了因突发状况带来的延误和损失。

7. 成本效益

云计算使船舶设计团队减少了对昂贵本地硬件的依赖，从而降低了设备和维护成本。团队不再需要为每个成员配备高性能计算机，而是可以利用云端的强大计算资源。这种集中化的资源管理减少了硬件购置和更新的频率，同时降低了技术支持和维护的负担。按需付费的模式则提供了更大的灵活性，团队可以根据实际需要随时调整资源使用，不会因为闲置资源而浪费资金。这不仅优化了成本效益，还确保了团队始终能够获取所需的计算能力，从而提高工作效率和项目质量。云计算的这些优势使船舶设计团队能够在高效、经济的环境中开展工作，增强了整体竞争力。

云计算的随时访问能力大幅提升了船舶设计团队的远程工作和跨地域协作的灵活性和效率。这不仅使团队成员能够更高效地进行设计和分析工作，还促进了实时沟通和协作，加快了决策过程，优化了资源管理，从而整体提升了项目的工作效率和成功率。

（三）按需分配资源

云计算平台具备根据实际需求动态分配计算资源的能力，这对于船舶设计团队尤为重要。例如，在进行复杂的船舶性能分析时，计算任务通常需要大量的处理能力和存储资源。云计算平台可以在这一过程中临时分配更多的计算资源，如增加CPU核心数量、扩展内存容量和提升存储速度，以加快计算速度和提高分析效率。一旦分析任务完成，这些额外的资源可以自动释放，回归到正常水平。

这种动态资源分配的机制不仅提升了工作效率，还显著优化了成本管理。在不需要大量计算资源的时间段，系统会自动减少资源分配，确保团队只为实际使用的资源支付费用。这种灵活性避免了因固定资源配置而导致的浪费问题，确保了资源的高效利用。动态分配资源的能力还使得团队可以应对各种突发需求。例如，在项目临近截止日期时，可能需要集中更多资源来完成最后的测试和验证工作。云计算平台可以迅速响应这种需求，临时提供额外的计算能力，确保项目按时完成。通过动态分配计算资源，云计算平台不仅满足了船舶设计过程中对高性能计算的需求，还实现了资源的合理利用和成本的有效控制。团队可以在高效且经济的环境中进行复杂的设计和分析工作，大大提高了项目的整体效率和质量。

（四）优化资源利用

云计算平台的智能调度机制在优化资源利用率方面具有显著优势，特别是在多个项目同时进行时。

1. 优先级管理

（1）识别项目优先级：系统能够自动识别各个项目的优先级，确保高优先级项目在资源分配上得到优先考虑。通过智能调度机制，系统分析每个项目的紧急程度和重要性，对资源进行动态调整。当高优先级项目需要更多计算资源时，系统会临时增加其分配，保证其顺利进行。而对于低优先级项目，系统则在资源紧张时适当减少分配，平衡整体资源使用。这种优先级管理机制不仅提升了关键项目的执行效率，还优化了资源利用，确保所有项目在资源配置上的公正合理。

（2）资源预留：针对高优先级的紧急项目，系统可以预留特定的计算资源，确保这些项目在需要时立即获得支持。这种资源预留机制避免了因资源不足而导致的延误，确保关键任务的顺利进行和项目进度的按时完成。通过提前分配和保留必要的计算能力，系统能够迅速响应高优先级项目的需求，提供持续的技术保障。

2. 动态需求分析

（1）实时监控：云计算平台能够实时监控每个项目的资源使用情况和需求变化。通过这种实时监控，系统可以及时了解各项目的当前状态和资源消耗情况，识别需求的变化趋势。基于这些信息，平台可以动态调整资源分配，确保每个项目都能获得所需的计算资源，提高整体资源利用效率和项目执行效率。这种实时监控和动态调整机制不仅优化了资源使用，还能够迅速响应项目需求的变化，防止资源过载或闲置，确保项目按时、顺利进行。

（2）预测需求：基于历史数据和当前任务负载，系统可以预测未来的资源需求，并提前作出相应的调整。通过分析过去的使用模式和当前的工作负载，系统能够识别资源需求的趋势，预见潜在的高峰期或低谷期，从而在需要时增加或减少计算资源。这种预测和预调机制确保了资源的高效利用和项目的顺利进行，避免了资源不足或浪费的情况。

3. 自动资源分配

（1）按需分配：根据每个项目的实施需求，系统可以动态调整分配的计算资源。例如，计算密集型任务在需要进行复杂计算时，可以临时获得更多的 CPU 和内存，以确保高效完成任务；而数据密集型任务则可以在数据处理和存储需求增加时，临时获得更多的存储空间和更快的读写速度。这种动态调整机制能够灵活响应不同类型任务的需求，优化资源利用效率，确保每个项目都能在最佳条件下运行。此外，这种按需分配资源的方式，还能避免资源的过度分配和浪费，提高整体系统的经济性和性能，保障项目进展的连续性和稳定性。通过这种智能调度，云计算平台不仅满足了各类任务的不同需求，还提供了高度的灵活性和适应性，支持团队在各种复杂情况下保持高效工作。

（2）弹性扩展：当某个项目需求增加时，系统可以自动扩展其可用资源，确保项目得到所需的支持；相反，当需求减少时，系统会回收多余资源，避免浪费。这种自动扩展和回收机制确保资源利用的高效性和灵活性，既满足了项目高峰期的资源需求，又避免了资源闲置和浪费，优化了整体资源管理和成本控制。

4. 并行处理优化

（1）任务分解与分配：系统可以将复杂的计算任务分解为多个子任务，并分配到不同的计算节点进行并行处理。这种任务分解与并行处理机制利用了多节点的计算能力，显著加快了任务完成速度。通过同时处理多个子任务，系统能够有效地减少整体计算时间，提高任务执行效率。这种方法不仅优化了资源利用率，还能迅速应对大规模计算需求，确保项目按时完成。并行处理的优势在于其扩展性和灵活性，使系统能够适应不同规模和复杂度的任务需求，提升整体性能。

（2）负载均衡：智能调度机制使系统能够均衡各个计算节点的负载，避免某些节点过载，而其他节点闲置，从而确保所有资源都能得到充分利用。该机制动态监控每个节点的使用情况，及时调整任务分配，使计算任务在不同节点之间平衡分布。这不仅优化了系统的整体性能，还减少了因过载导致的节点故障风险。通过有效的负载均衡，系统可以提高计算效率，延长硬件使用寿命，并提升用户体验。此外，智能调度还能根据任务的优先级和资源需求，灵活调整资源分配策略，确保高优先级任务得到优先处理，进一步提高系统的响应能力和工作效率。这种全面的负载管理和优化机制使得系统在处理复杂和多样化任务时更加稳定和高效。

5. 故障管理

（1）自动故障检测与恢复：系统具备自动检测资源故障的能力，并能快速切换到备用资源，确保项目不受影响。这种自动故障检测和切换机制能够实时监控资源运行状态，一旦发现故障，系统会立即将任务转移到预先配置的备用资源上，保障项目的连续性和稳定性。通过迅速恢复受影响的服务，系统不仅提高了可靠性和容错能力，还减少了因故障导致的停机时间和数据丢失风险，确保项目按计划顺利进行。

（2）高可用性配置：系统采用冗余和备份机制，能够在资源故障时迅速恢复，保障项目的连续性和稳定性。这些机制在多个层面上提供数据和服务的冗余保护，包括存储、网络和计算资源。一旦某个资源出现故障，系统会立即切换到备份资源，确保数据完整和任务不中断。冗余设计不仅能够防止单点故障，还提供了快速恢复的能力，使系统具备高度的可靠性和容错性。此外，定期的备份操作确保了历史数据的安全保存，防止数据丢失。这些措施综合起来，构建了一个高可用性的环境，使得项目能够在各种意外情况下依然保持顺利进行，减少了因故障带来的潜在损失和停机时间。

6. 成本控制

（1）成本优化：系统根据实际资源使用情况，动态调整分配计算资源，避免了闲置和浪费，从而优化成本。这种动态资源管理机制能够实时监控各任务的资源需求，灵活增减分配的计算能力，以确保资源利用率最大化。通过精确的资源调度，系统不仅提高了整体效率，还有效地控制了运营成本，减少了不必要的开支。无论是高峰期的资源紧张还是低需求时段的闲置资源，系统都能迅速作出调整，保持资源配置的最佳状态。这种智能化的资源管理方式，使企业能够在确保高性能运行的同时，实现成本效益的最大化。

（2）按需付费：用户只需为实际使用的资源付费，通过智能调度机制的优化，可以最大限度地降低成本，提高资源利用率。这种按需付费模式意味着用户不再需要为潜在的最大需求预留大量资源，而是根据实际需求灵活调整资源使用。智能调度机制实时监控和分析资源使用情况，动态分配计算能力，以确保每个任务都能获得恰当的资源支持。在需求高峰期，系统能够迅速提供额外资源，满足临时增加的工作负载；在需求低谷期，系统则回收多余资源，避免浪费。这样的优化不仅减少了闲置资源的成本，还提高了系统整体的运行效率。此外，按需付费模式还鼓励用户更加精确地规划和管理资源使用，有助于优化预算和控制成本。通过智能调度和按需付费的结合，用户能够在确保高效运行的同时，实现成本效益的最大化，为企业带来更高的经济收益和竞争力。

7. 协同工作

（1）跨项目资源共享：不同项目之间可以共享资源，系统会根据每个项目的当前需求，智能调配资源，确保整体资源的高效利用。这种共享机制允许各项目动态地获取所需的计算能力、存储空间和网络带宽，避免了资源的专用和闲置情况。智能调度系统实时监控每个项目的负载和需求，通过灵活调整资源分配，确保所有项目都能在最优条件下运行。这不仅提高了资源的利用率，还减少了不必要的硬件投资和运营成本。共享资源的方式也促进了协作，允许项目之间更加紧密地互动和支持，进一步提升整体效率和生产力。通过这种智能化的资源管理，企业能够在最大限度地发挥现有资源潜力的同时，保证各项目的顺利进行和高效完成。

（2）实时协作：团队成员可以通过云计算平台实时查看资源使用情况和项目进展，进行高效的沟通和协作，及时调整资源分配策略。云计算平台提供了透明和即时的数据访问，使团队成员能够随时了解各个项目的状态和资源消耗。这种实时监控和反馈机制有助于快速识别潜在问题，进行数据驱动的决策。团队成员可以通过平台进行讨论和分享见解，确保每个人都在同一信息水平上。遇到资源"瓶颈"或需求变化时，团队可以迅速协商并调整资源分配策略，确保关键任务获得优先支持。这样的协作模式不仅提高了工作效率，还增强了团队的灵活性和响应能力，使得项目能够在动态变化的环境中平稳推进。此外，云计算平台的协作工具还支持文件共享、任务分配和进度跟踪，进一步促进团队协同工作和项目管理的精确度。总体而言，云计算平台的实时监控和协作能力极大地优化了资源管理，提升了项目执行的效率和成功率。

云计算平台的智能调度机制通过优先级管理、动态需求分析、自动资源分配、并行处理优化、故障管理、成本控制和协同工作等多方面优化资源利用率。在多个项目同时进行时，系统根据各项目的优先级和需求合理分配资源，确保所有项目都能高效进行。这不仅提升了项目的执行效率，还优化了资源使用，降低了成本，为船舶设计团队提供了强有力的技术支持。

（五）弹性扩展

云计算具有高度的弹性扩展能力，可以根据项目需求的变化随时扩展或缩减资源。在船舶设计的不同阶段，所需的计算资源量可能会有所不同。例如，在设计初期，可能只需要较少的资源来进行初步的概念设计和建模；而在设计后期，进行详细的仿真和性能分析时，则需要大量的计算资源。云计算可以快速响应这些变化，提供所需的资源支持。无论是临时增加计算能力以加快复杂任务的处理，还是减少资源分配以节省成本，云计算平台都能够灵活调整资源配置，确保项目的顺利进行。通过这种动态资源管理，船舶设计团队可以更有效地利用计算资源，提高工作效率，优化成本，并在设计过程中保持高度的灵活性和响应能力。

（六）高性能计算能力

云计算平台通常配备高性能的计算资源，包括多核处理器、大容量内存和高速存储设备。这些高性能资源可以显著提升船舶设计和分析工作的速度和效率，使得设计团队能够更快地完成复杂计算和仿真任务。

1. 多核处理器

多核处理器具备强大的并行计算能力，能够同时处理多个计算任务，这使得复杂的船舶设计和仿真计算可以被分解为并行任务，从而大幅缩短计算时间。对于涉及大量数据处理的任务，多核处理器的并行计算能力显著提高了数据处理速度，使得大量数据可以被迅速且高效地分析和处理。这不仅优化了设计和分析流程，还减少了等待时间，使得设计团队能够更快地迭代和完善设计。此外，并行计算能力还允许同时进行多个仿真和计算任务，支持设计团队在同一时间内进行不同方面的优化和验证，从而提升整体工作效率和项目进度。这种能力对于船舶设计项目尤其重要，因为它涉及复杂的力学分析、流体动力学模拟和结构优化等需要高计算量的任务。通过多核处理器的并行计算，船舶设计团队能够在更短的时间内完成更复杂的计算任务，提高设计质量和创新能力。

2. 大容量内存

大容量内存对于船舶设计和分析工作至关重要，因为这些工作通常涉及复杂的三维模型和大量数据。大容量内存可以存储和处理这些庞大的数据集，避免内存"瓶颈"，从而确保系统在处理复杂模型时不会因为内存不足而产生延迟或崩溃。此外，更多的内存空间允许更多的数据在内存中处理，而不是依赖较慢的磁盘存储，从而显著加快数据访问和处理速度。这种高效的数据处理能力不仅提升了设计和分析的效率，还使得设计团队能够更快地完成迭代和优化，提高整体工作效率和设计质量。通过减少数据处理过程中的"瓶颈"，大容量内存为复杂的船舶设计项目提供了可靠的技术支持，使得团队能够专注于创新和精细化设计。

3. 高速存储设备

高速存储设备（如SSD）能够提供比传统硬盘更快的数据读写速度，使设计文件和仿真数据的加载和保存更加迅速。高速存储减少了数据访问延迟，确保设计团队能够迅速获取和处理所需数据，从而提高整体工作效率。这种快速数据读写能力优化了设计和分析流程，使得团队能够更高效地进行迭代和优化，提高项目的质量和进度。

4. 资源的灵活调配

云计算平台具备按需扩展的能力，可以根据任务需求灵活调配计算资源。当项目需要更多计算能力时，平台可以临时增加资源，以确保任务能够高效完成；在任务负载较轻时，系统则会减少资源分配，从而优化成本，避免资源浪费。此外，云平台通过实时监控和智能调度，进行动态资源管理。实时监控能够及时了解各任务的资源使用情况和需求变化，智能调度则根据这些信息动态调整资源分配，确保每个任务都能获得最佳资源支持。这种动态调整不仅提升了资源利用率，还确保了系统的整体运行效率，使得各项目能够在高效、经济的环境中进行。通过这种灵活和智能的资源管理方式，云计算平台能够适应不同任务的需求变化，提供稳定且高效的支持，极大地提高了项目执行的灵活性和成功率。

5. 高可用性和可靠性

高性能计算资源通常配备冗余设计，确保系统在硬件故障时仍能正常运行，提供持续的计算能力。这样即使某个硬件组件发生故障，系统也能通过冗余配置迅速切换，避免中断运行。高性能云平台还提供了强大的数据备份和恢复功能，以保护设计数据的安全性和完整性。这些功能确保数据在意外丢失或损坏时能够迅速恢复，避免因数据丢失导致的项目延误，保障项目顺利进行。

云计算平台的高性能计算资源，包括多核处理器、大容量内存和高速存储设备，显著提升了船舶设计和分析工作的速度和效率。通过这些资源，设计团队能够更快地完成复杂计算和仿真任务，优化设计流程，提高整体工作效率，同时保持高度的灵活性和可靠性。这种强大的计算能力为船舶设计项目的成功提供了坚实的技术支持。

（七）降低成本

通过资源整合和优化利用，云计算可以有效降低成本。船舶设计公司不再需要购买和维护昂贵的本地硬件设备，只需按需付费使用云计算资源。这种成本结构不仅降低了前期投入，还减少了长期的维护费用和硬件更新的需求。由于云计算提供了高度的弹性，企业可以根据项目需求灵活调整资源使用，从而避免了资源闲置和浪费。此外，云计算平台通常包含自动化的系统更新和维护服务，进一步减轻了 IT 部门的负担，减少了人力和时间成本。这些因素共同作用，使得船舶设计公司能够在控制成本的同时，享受到先进计算技术带来的高效和灵活性，从而提高整体竞争力和市场响应速度。

（八）提高协作效率

云计算平台支持多人协作，设计团队成员可以同时访问和编辑同一项目文件，实时共享设计进展和数据。这种同步协作能力使得团队成员无论身处何地，都能在同一平台上进行工作，确保每个人都能看到最新的修改和更新，避免了版本冲突和重复工作。通过云计算，团队成员之间的沟通和协作更加高效，因为所有设计数据和文档都集中存储在云端，任何更改都会即时反映出来。这减少了信息传递的时间和误差，提高了决策的准确性和速度。此外，云计算平台通常提供集成的沟通工具，如即时消息、视频会议和任务管理功能，使团队成员可以随时讨论问题、分享见解和分配任务，从而进一步提升协作效率和项目管理的精确度。总体而言，云计算的协作功能极大地增强了团队的协调能力和工作效率，使设计过程更加流畅和高效。

（九）数据安全与可靠性

云计算平台通常提供高水平的数据安全保障措施，包括数据加密、访问控制和定期备份等。对于船舶设计项目来说，这些措施不仅确保了设计数据的安全性和可靠性，还能够避免数据丢失和泄漏。

1. 数据加密

（1）传输加密：在数据从客户端传输到云端服务器的过程中，使用加密协议（如 SSL/TLS）来保护数据。这些协议通过在数据传输链路中建立安全加密通道，确保数据在传输过程中免受中途拦截和攻击。SSL/TLS 加密不仅对传输的数据进行加密，还能够确保数据的完整性和来源的真实性，从而防止数据被篡改或伪造，保障了数据的安全性和隐私性。

（2）存储加密：数据在云端存储时采用强加密算法进行保护，确保其安全性。即使存储介质被盗或被未经授权访问，加密算法仍然能防止数据被解读。通过使用先进的加密技术，如高级加密标准（AES），数据在存储时被转换成不可读的密文，只有拥有正确解密密钥的授权用户才能访问。这种加密措施有效防止了数据泄漏，保障了敏感信息的安全，确保船舶设计项目的数据在任何情况下都能得到高度保护。

2. 访问控制

（1）用户身份验证：实施严格的身份验证机制，包括多因素认证（MFA），确保只有经过授权的用户才能访问敏感数据。多因素认证通过结合多种验证方式（如密码、短信验证码、生物识别等）增加了安全层级，使得单一认证方式被破解的风险大幅降低。例如，用户在输入密码后，还需要通过手机接收的验证码或指纹扫描进行二次验证，才能成功登录系统。这种多层次的身份验证不仅有效防止未经授权的访问，还能应对因密码泄漏或被破解带来的安全威胁。此外，MFA 还可以设置动态口令和时效性验证，使得每次登录都需要新的验证信息，进一步提升了系统的安全性和用户数据的保护。通过这些措施，船舶设计项目中的敏感数据得到了更为严格的访问控制，确保只有经过充分验证的用户才能进行访问和操作，从而有效保障数据的安全性和完整性。

（2）权限管理：细化用户权限，基于角色的访问控制（RBAC）模型限制用户只能访问和操作他们被授权的资源，防止越权访问。RBAC 通过为用户分配特定角色，每个角色具有明确的权限范围，确保用户只能执行其角色所允许的操作。这种方法不仅简化了权限管理，还提高了安全性，防止用户访问未经授权的敏感数据或功能，有效保护了系统的完整性和数据的安全性。

（3）审计和监控：实时监控和记录用户活动，生成审计日志，帮助检测和应对可疑行为或安全威胁。通过持续跟踪用户操作并详细记录，系统能够识别异常行为，及时发出警报，并采取相应措施。这种审计机制不仅有助于快速响应潜在的安全事件，还提供了详细的活动记录，便于事后分析和追溯，增强了整体安全管理能力。

3. 定期备份

（1）自动备份：定期自动备份设计数据，确保在数据损坏或丢失的情况下能够快速恢复，减少业务中断时间。这种自动化备份机制定期保存设计数据的最新副本，一旦发生数据损坏、删除或其他意外情况，系统可以迅速恢复到最近的备份点，确保设计工作不受长时间中断。通过这种方式，备份不仅保护了关键数据的完整性和安全性，还极大地提高了业务的连续性和可靠性，保障船舶设计项目的顺利进行。

（2）异地备份：将备份数据存储在不同的地理位置，防止单点故障，提高数据恢复的可靠性和弹性。这种地理分散的存储方式确保即使某一地点发生灾难性事件，数据仍然可以从其他位置恢复，从而保障数据的安全性和可用性，确保业务的连续性。

（3）版本控制：保存多个备份版本，允许用户根据需要恢复到之前的版本，以防止因数据错误或恶意修改而带来的损失。

4. 综合安全保障

（1）防火墙和入侵检测：配置高级防火墙和入侵检测系统，监控和防护潜在的网络威胁和攻击。高级防火墙可以过滤不安全的流量，阻止未经授权的访问，而入侵检测系统则能够实时监控网络活动，识别并警告异常行为和潜在攻击。这种双重防护机制有效提升了系统的安全性，可以预防和应对各种网络威胁，确保船舶设计项目的数据和系统免受恶意活动的侵害。

（2）定期安全评估：定期进行安全评估和渗透测试，发现并修复安全漏洞，持续提升平台的安全防护水平。通过这些主动的安全措施，平台能够及时识别潜在的弱点和风险，并采取有效的修补措施，确保系统和数据的安全性不受威胁。

云计算平台通过实施数据加密、访问控制和定期备份等多层次的安全保障措施，为船舶设计项目的数据安全和可靠性提供了强有力的支持。这些措施不仅防止了数据丢失和泄漏，还确保了数据的完整性和可用性，使设计团队能够在安全可靠的环境中高效工作。通过综合安全保障，船舶设计项目的风险被降到最低，可以确保项目顺利进行。

（十）最新技术的快速应用

云计算平台不断更新和升级，使用户能够及时使用最新的技术和工具。这种持续的更新和改进确保船舶设计公司始终处于技术前沿，无须自行维护和升级软件系统，减少了技术维护的负担。通过使用云计算平台，设计公司可以专注于核心设计工作，而不必担心基础设施的管理和维护。利用最新的设计软件和计算工具，设计团队可以实现更高效的设计流程和更精确的分析，从而提升整体设计水平和竞争力。此外，云平台的更新还包括安全补丁和性能优化，进一步保障系统的稳定性和安全性，为设计公司的业务连续性和数据安全提供坚实保障。通过这种方式，船舶设计公司能够更加灵活和高效地应对市场需求，推动创新，提高产品质量，增强市场竞争力。

云计算通过整合和优化分散的计算资源，为船舶网络工程提供了随时随地调用资源的能力，显著提高了设计和分析工作的效率。这种资源整合与动态分配不仅提高了工作效率，还降低了成本，增强了协作能力，确保了数据安全，为船舶设计工作带来了诸多实际的好处。

二、高效的数据管理

云计算平台提供了强大的数据存储和管理能力，使得船舶设计过程中产生的大量数据得以高效管理和使用。设计图纸、仿真数据和分析结果等大量数据可以集中存储在云端，实现数据的统一管理和便捷访问。这种集中存储方式不仅解决了本地存储空间不足的问题，还避免了数据分散存储导致的管理混乱。

云存储大大方便了数据的共享和协作。设计团队成员可以随时随地通过云平台访问和编辑共享数据，无须依赖于特定的设备或地点。这种实时共享和协作能力，使得团队成员可以在不同的时间和地点同时进行设计工作，极大地提高了团队的协作效率。尤其是在需要跨部门或跨地域合作的项目中，云存储的优势尤为明显，简化了协作流程，减少了沟通和协调的时间。云存储提高了数据的安全性和可靠性。云计算平台通常配备高级安全措施，如数据加密、访问控制和定期备份，确保数据在传输和存储过程中不被泄漏或篡改。即使某个数据中心发生故障，云平台也能通过冗余设计和灾难恢复机制，迅速切换到备用系统，保证数据的持续可用性。这样的安全和可靠性保障，使得设计团队无须担心数据丢失或安全威胁，能够专注于设计工作本身。利用云存储，设计团队可以快速访问和检索所需的数据，显著提高了工作效率。云平台提供了强大的搜索和索引功能，使得海量数据的管理和检索变得更加快捷和高效。设计师可以轻松找到所需的历史设计图纸或仿真数据，避免了重复工作，节省了大量时间。与此同时，云平台的高性能计算资源可以支持复杂的数据分析和仿真任务，进一步提升设计和优化的效率。

云平台提供的强大数据存储和管理能力，不仅方便了数据共享和协作，还提高了数据的安全性和可靠性。通过利用云存储，船舶设计团队能够更快地访问和检索所需数据，显著提高工作效率。这样的优势使得云计算平台成为现代船舶设计项目中不可或缺的技术支持，推动了设计流程的优化和创新能力的提升。借助云技术，设计团队可以更高效地进行协作，确保数据的实时更新和共享，减少了信息传递的延迟和错误。云平台的安全措施，如数据加密、访问控制和定期备份，确保了设计数据的安全性和完整性。综合来看，云平台的应用不仅提升了设计团队的工作效率和协同能力，还为创新设计提供了坚实的技术保障。

三、增强计算能力

云计算平台拥有强大的计算能力，可以支持复杂的船舶性能分析和仿真任务。传统的本地计算资源往往无法满足这些高强度的计算需求，而云计算则可以提供几乎无限的计算资源，支持多条件、多状态下的性能分析，缩短了设计和验证周期。

（一）提供强大计算能力

1. 计算资源的扩展性

云计算平台提供了几乎无限的计算资源，可以根据需求灵活扩展。当船舶设计团队需要进行复杂的性能分析时，云平台能够迅速提供大量的计算节点，确保计算任务高效完成。这种扩展性使得设计团队不再受限于本地硬件的性能"瓶颈"，能够应对大规模计算需求和高强度的仿真任务。云计算平台的弹性扩展能力允许团队在高峰期分配更多资源，加快计算速度，而在低需求时减少资源分配，优化成本使用。此外，这种灵活性使得团队可以同时运行多个仿真和分析任务，进行并行处理，提高了工作效率和设计迭代速度。云平台的高扩展性不仅提升了计算能力，还提供了稳定性和可靠性，确保设计项目能够按时完成，推动了船舶设计的创新和发展。

2. 高性能计算资源

云计算平台通常配备高性能的计算资源，包括多核处理器、大容量内存和高速存储设备。这些资源能够大幅提升计算速度和效率，使得复杂的仿真和分析任务能够在更短时间内完成。通过利用多核处理器的并行计算能力，云平台可以同时处理多个计算任务，显著缩短计算时间。大容量内存则允许处理更大的数据集，避免内存"瓶颈"，提高数据处理效率。高速存储设备提供了快速的数据读写能力，确保数据在传输和处理过程中的高效性。综合这些高性能资源，云计算平台为船舶设计团队提供了强大的技术支持，极大地提升了设计和分析的工作效率。

（二）支持复杂性能分析

1. 多条件、多状态分析

船舶性能分析通常需要在多种条件和状态下进行，例如不同的海况、载荷和速度等。云计算平台可以同时运行多个仿真任务，支持并行计算，从而快速生成多种工况下的性能数据。这种能力使得设计团队能够全面评估船舶的性能，优化设计方案。通过并行计算，云平台能够将复杂的性能分析任务分解成多个子任务，并在不同的计算节点上同时运行，显著提高计算速度并在短时间内处理大量数据。例如，在模拟不同海况时，可以同时运行多个仿真模型，分别评估船舶在平静的海面、波浪较大的海面和极端天气条件下的性能表现。同样，不同载荷和速度条件下的分析也可以并行进行，快速提供全面的性能数据。具体应用场景包括不同海况下的分析，通过并行计算迅速得到不同海况对船舶性能的影响，帮助优化设计；多载荷状态评估，全面评估船舶在不同载荷条件下的性能表现，为实际运营提供数据支持；速度变化的影响，模拟不同航速下的船舶性能，优化动力系统设计。通过云计算平台的并行计算能力，设计团队能够快速获得全面的性能数据，深入分析船舶在各种条件下的表现，为优化设计方案提供科学依据。这样，设计团队可以针对不同工况调整设计，提高船舶的综合性能和适应性。云计算平台的高效计算能力不仅加速了设计和验证过程，还提升了设计的精度和可靠性，推动船舶设计向更高效、更智能的方向发展。

2. 实时数据处理

云平台的高效计算能力还支持实时数据处理和分析。设计团队可以实时调整仿真参数，根据即时反馈优化设计。这种动态调整和优化的能力大幅缩短了设计周期，提高了设计的精度和可靠性。

（三）缩短设计和验证周期

1. 快速仿真和迭代

云计算平台使设计团队能够快速进行仿真和迭代测试。高效的计算能力大幅减少了每次迭代所需的时间，显著缩短了设计周期。团队可以在更短的时间内完成更多次的优化迭代，提升设计质量。云计算的并行处理能力允许多个仿真任务同时运行，使得设计团队能够快速评估不同方案，迅速找到最佳解决方案。此外，实时数据处理和反馈功能使得设计团队能够立即看到每次迭代的效果，及时调整设计参数，确保设计的精度和可靠性。这种高效的迭代过程不仅提高了设计的创新性和竞争力，还减少了开发成本和时间，使得船舶设计项目能够更快地从概念阶段进入实际应用。云计算平台提供的这些优势，使得船舶设计团队能够在激烈的市场竞争中保持领先地位。

2. 高效资源利用

云计算按需分配资源的特性，确保了资源利用率最大化。在高强度计算需求时，云平台能够集中资源进行处理，而在低强度计算需求时，资源可以回收和再分配。这种高效的资源管理方式不仅提高了计算效率，还降低了成本。

（四）降低成本

1. 避免高昂的硬件投入

传统的高性能计算资源往往需要高昂的前期投入和维护成本，而使用云计算，设计团队可以按需付费，无须购买和维护昂贵的硬件设备。这样不仅减少了初始投资，还降低了长期的维护费用。云计算平台通过提供弹性计算资源，使设计团队能够根据实际需求灵活调整资源使用，避免了资源闲置和浪费。此外，云服务提供商负责硬件的维护和升级，进一步减轻了设计团队的负担，让他们能够专注于核心设计工作。总之，云计算的按需付费模式和降低维护成本的优势，使得船舶设计团队在高效完成任务的同时，显著节省了资金和人力资源。

2. 按需付费模式

云计算平台的按需付费模式，根据实际使用量收费，避免了资源闲置和浪费。设计团队只需为实际消耗的计算资源付费，优化了成本结构，提高了资金的利用效率。

云计算平台通过提供强大的计算能力，支持复杂的船舶性能分析和仿真任务，显著缩短了设计和验证周期。高效的资源管理和按需扩展能力，确保了设计团队能够在短时间内完成高强度的计算任务，提升了设计效率和质量。与传统的本地计算资源相比，云计算不仅降低了成本，还提供了更灵活和可靠的技术支持，使得船舶设计项目能够在更高效的环境中进行，推动了设计流程的优化和创新能力的提升。

四、降低成本

云计算采用按需付费的模式，用户只需为实际使用的资源支付费用。对于船舶设计公司来说，这大大降低了硬件和软件的前期投入成本。无须购买昂贵的计算设备和软件许可证，也无须支付高昂的维护费用，显著节约了资金。

（一）降低前期投入成本

1. 避免硬件购买成本

传统的计算资源通常需要大量的前期投入，用于购买高性能服务器、存储设备和网络基础设施。云计算按需付费的模式，使船舶设计公司无须购买这些昂贵的硬件设备，只需租用所需的计算资源，从而大大降低了初始投资成本。

2. 减少软件许可证费用

云计算平台通常包括必要的软件和工具，使船舶设计公司不必额外购买昂贵的软件许可证。通过云平台，设计团队可以直接访问最新的设计软件和仿真工具，确保他们始终使用最新、最强大的技术。这样不仅减少了软件采购和升级的费用，还避免了由于版本兼容性问题带来的困扰和效率降低。此外，云平台的集中管理和自动更新功能确保所有团队成员使用的是同一版本的软件，消除了由于不同版本软件间不兼容导致的协作问题。这种模式不仅降低了整体IT成本，还提高了工作效率和项目协作的顺畅性。云平台还提供定期的技术支持和培训资源，帮助团队成员迅速掌握新工具和功能，进一步提升了整体设计质量和创新能力。总之，云计算平台通过提供最新的软件和工具，大大降低了船舶设计公司的运营成本，优化了设计流程，并增强了团队的竞争力。

（二）优化资源利用

1. 灵活调整资源

按需分配资源的特点允许设计团队根据实际需求灵活调整计算资源。例如，在高峰期可以临时增加计算能力，确保项目的顺利推进；而在需求低谷时则可以减少资源使用，从而避免资源闲置和浪费。这种灵活性提高了资金利用效率，使企业能够更精确地控制成本，优化预算配置。通过动态资源管理，设计团队不仅能够更高效地完成任务，还能在节约成本的同时提高整体工作效率。这种资源的弹性调配方式适应了项目需求的变化，确保了计算资源的最佳使用。

2. 按实际使用付费

设计公司只需为实际使用的计算资源支付费用,这种按需付费模式确保了成本的透明性和可控性。没有不必要的固定费用,企业可以根据项目的具体需求和预算,精确控制计算资源的支出。这样,企业能够有效地避免资源浪费,优化资金利用,同时保持灵活性以应对不同项目阶段的需求变化。

(三)降低长期维护费用

1. 外包维护和升级

使用云计算平台,硬件的维护和升级由云服务提供商负责,设计公司无须投入额外的人力和资金进行设备维护和系统更新。这不仅节省了维护成本,还减少了因设备故障和系统停机而造成的损失。云服务提供商拥有专业的技术团队和先进的管理工具,能够提供高效的硬件维护和及时的软件升级,确保系统始终处于最佳运行状态。这样,设计公司可以避免因设备老化或技术落后带来的性能问题,同时减少了因意外故障导致的业务中断和数据丢失的风险。此外,外包硬件维护和系统管理使设计公司能够将更多的资源和精力投入核心业务和创新项目中,提高整体工作效率和竞争力。总之,依靠云计算平台的专业维护服务,设计公司不仅降低了运营成本,还显著提升了系统可靠性和业务连续性。

2. 自动化管理

云平台提供自动化的资源管理和优化工具,可以实时监控资源使用情况并自动调整配置,进一步降低运营成本。通过这些自动化工具,系统能够动态分配计算资源,根据实际需求进行优化,确保高效利用资源,减少不必要的开支。这种智能管理减少了手动干预的需求,降低了运营复杂性,使得设计团队可以集中精力在核心业务上,提高整体生产力和工作效率。自动化资源管理不仅提升了资源利用率,还增强了系统的响应能力和灵活性,确保设计项目能够在最佳条件下进行。

(四)提高投资回报率

1. 更快的项目启动

云计算使得设计团队能够快速获取所需的计算资源,迅速启动项目,而不必等待硬件采购和安装。这样的快速响应能力提高了项目的启动速度和执行效率,缩短了项目周期,提升了投资回报率。通过即时的资源分配,设计团队可以更灵活地应对市场需求和项目变化，迅速开展设计和仿真任务，避免因硬件准备不足而导致的延误。此外，云计算还提供了高效的协作工具和实时数据处理能力，进一步加快了项目进展和决策过程。这种高效的资源调度和灵活的项目管理方式，使企业能够在激烈的市场竞争中保持优势，不仅提高了生产效率，还增加了企业的创新能力和市场响应速度，从而实现更高的投资回报率。

2. 增强竞争力

降低成本和提高效率，使得船舶设计公司能够将更多的资金和资源投入创新和市场拓展中，提高其在市场中的竞争力。云计算提供的高效计算和灵活资源管理，使企业能够更快地响应市场需求和技术变化，保持领先地位。凭借按需付费和自动化资源管理的优势，设计公司不仅优化了运营成本，还提升了项目执行速度和质量。这种灵活性和高效性使企业能够迅速适应市场变化，推出更具创新性的设计方案，从而增强市场竞争力。此外，云计算的强大协作工具和实时数据处理能力，进一步推动了设计团队的合作和创新，提高了整体工作效率和生产力。云计算帮助船舶设计公司在降低成本的同时，提高了创新能力和市场响应速度，确保其在竞争激烈的市场中保持领先地位。

云计算采用按需付费的模式，使船舶设计公司大幅降低了硬件和软件的前期投入成本。无须购买昂贵的计算设备和软件许可证，也无须支付高昂的维护费用，显著节约了资金。通过优化资源利用和降低长期维护费用，云计算不仅提高了资金利用效率，还增强了企业的竞争力和投资回报率，为船舶设计公司的发展提供了强有力的支持。

五、提高协作效率

云计算平台支持实时协作，设计团队成员可以在不同地点同时访问和编辑设计文件。通过云端平台，团队可以实现更高效的协作，快速响应和处理设计变更，避免了传统工作模式中信息传递不及时的问题。

（一）同步访问和编辑

1. 实时更新

云计算平台允许设计团队成员在不同地点同时访问和编辑设计文件。所有修改都会实时同步，确保每个团队成员都能看到最新的变化，避免了因版本不一致而导致的混乱和错误。这消除了版本控制问题和文件传递的延迟，提高了工作效率和协作质量。通过实时同步，团队成员可以更加紧密合作，快速响应设计变更和客户需求，从而加快项目进展。云平台的这种功能不仅提高了团队的整体生产力，还增强了项目的灵活性和适应性，使得设计团队能够更高效地应对复杂和多变的设计任务。

2. 无缝协作

团队成员可以在云平台上协作编辑设计文件，无须通过电子邮件或其他方式传递文件。这种无缝协作方式使得团队能够更紧密地合作，快速解决问题和调整设计。实时共享和同步文件的能力消除了沟通障碍，减少了因文件传递延迟和版本不一致而引起的混乱，提高了工作效率。团队成员能够立即看到彼此的修改和反馈，迅速做出调整，确保设计过程顺畅高效。这种高效协作环境不仅加速了项目进展，还提升了设计质量和创新能力。

（二）快速响应和处理变更

1. 即时通知

云计算平台可以配置通知系统，当有设计变更时，相关团队成员会立即收到通知。这种即时沟通机制确保了设计变更能够迅速得到响应，避免了因信息传递不及时而造成的延误。通过及时通知，团队成员可以快速查看和处理变更，确保项目按照最新要求顺利进行，提高了整体工作效率和项目的成功率。

2. 快速调整

设计团队在收到变更通知后可以立即进行调整和修正，确保项目按照最新的设计要求推进。快速处理变更的能力使得团队能够灵活应对客户需求和市场变化，提高项目的成功率和满意度。通过迅速响应设计变更，团队可以避免因延迟而导致的项目"瓶颈"和资源浪费，确保项目进度不受影响。此外，这种灵活性使得设计团队能够更好地适应不断变化的市场条件和客户期望，及时调整设计方案，提高产品的竞争力和市场适应性。实时变更管理还促进了更好地沟通和协作，使各部门和团队成员能够同步了解最新的项目状态，共同推动项目顺利进行，从而提高整体项目管理的效率和质量。

（三）高效的沟通和协作工具

1. 集成的沟通工具

云计算平台通常集成了各种沟通工具，如即时消息、视频会议和协作软件。这些工具使团队成员可以随时进行讨论和分享想法，提高了团队的沟通效率和协作能力。即时消息允许快速交流，视频会议支持面对面的远程讨论，而协作软件则提供了共享工作空间，确保所有成员都在同一平台上进行协同工作，从而提高了整体工作效率和项目执行的顺利程度。

2. 共享工作空间

利用云平台，设计团队可以创建共享的工作空间，存储所有相关的设计文件和数据。每个团队成员都可以访问这些共享资源，确保所有人都在使用相同的信息和数据。共享工作空间不仅集中管理设计资源，还简化了文件的查找和更新过程。团队成员可以实时查看最新的设计进展和修改记录，避免了版本冲突和信息不一致的问题。这种集中化的存储方式还提高了数据的安全性和备份效率，确保关键设计数据的完整性和可恢复性。整体而言，共享工作空间促进了团队协作，提升了工作效率和项目管理的规范性。

（四）提高项目管理效率

1. 实时跟踪和管理

项目经理可以通过云平台实时跟踪项目进度，查看每个任务的完成情况和团队成员的工作状态。这种实时管理能力使项目管理更加高效，确保项目按计划进行。实时监控和及时反馈使项目经理能够迅速识别和解决问题，优化资源分配，提高团队协作效率，保障项目的成功。

2. 数据和文档的集中管理

云计算平台提供集中管理的数据和文档库，使得所有项目文件和设计数据都可以统一存储和管理。这种集中化管理不仅提高了数据的安全性和可靠性，还简化了文档查找和管理流程。

云计算平台通过支持实时协作，使得设计团队成员可以在不同地点同时访问和编辑设计文件，极大地提高了协作效率。通过实时更新、无缝协作和快速响应，团队能够迅速处理设计变更，避免了传统工作模式中信息传递不及时的问题。集成的沟通工具和共享工作空间进一步增强了团队的协作能力和项目管理效率。总之，云计算平台为设计团队提供了高效的协作环境，确保项目顺利进行，并提高了整体工作效率和竞争力。

六、灵活的扩展性

云计算具有高度的扩展性，用户可以根据实际需求随时扩展或缩减计算资源。对于船舶设计项目来说,项目初期可能需要较少的计算资源,而在后期进行大量仿真和验证时则需要更多的资源。云计算的灵活扩展能力完美契合了这种需求变化,确保项目顺利进行。

(一)提高数据安全性和可靠性

1. 数据加密和访问控制

云计算平台通常配备先进的安全措施,如数据加密、身份验证和访问控制,确保只有授权人员才能访问和操作数据。集中管理使得所有数据都存储在受保护的环境中,这大大减少了数据泄漏和未经授权访问的风险。数据加密保护信息在传输和存储过程中的安全,防止黑客窃取或篡改数据。身份验证机制,如多因素认证(MFA),增加了额外的安全层,确保只有经过验证的用户才能访问敏感信息。访问控制通过细化权限设置,确保每个用户只能访问其职责范围内的数据,防止内部泄密。云平台还提供实时监控和日志记录功能,可以及时检测和响应潜在的安全威胁,进一步加强了数据的安全性和可靠性。综合这些措施,云计算平台为数据提供了一个高度安全的存储和管理环境,保障了企业数据的机密性、完整性和可用性。

2. 定期备份和灾难恢复

集中化管理的数据和文档库便于实施定期备份和灾难恢复计划。云平台提供商通常会提供冗余备份和异地存储,确保在数据丢失或系统故障时,能够迅速恢复数据,保障业务连续性。这种多层次的数据保护措施使得企业能够在面对各种突发事件时依然保持稳定运营,减少因数据丢失带来的业务中断风险。通过自动化和定期的备份流程,云平台进一步提升了数据的安全性和可靠性,确保关键业务数据始终可用。

(二)简化文档查找和管理流程

1. 统一存储和索引

所有项目文件和设计数据都集中存储在一个统一的平台上,方便团队成员快速查找所需的文档。云平台通常配备强大的搜索和索引功能,使得用户能够通过关键词或其他查询条件,迅速定位到所需文件,节省了大量时间和精力。

2. 自动版本控制

云计算平台提供自动版本控制功能,记录每次修改和更新的历史版本。

团队成员可以轻松查看和恢复到任意历史版本，避免了因版本不一致而导致的混乱和错误。自动版本控制不仅确保了所有修改都有记录，有助于追踪更改历史和责任分配，还提供了安全的回滚选项，在必要时可以恢复到之前的版本，防止数据丢失和不必要的修改带来的问题。此外，自动版本控制简化了协作过程，使得多人同时编辑同一文档变得更加可靠。团队成员无须担心覆盖彼此的工作，可以专注于各自的任务，实时同步的功能确保所有参与者始终看到最新的版本。这种功能大大提高了工作效率和协同效应，减少了沟通误差和重复劳动，提升了项目的整体质量和进度。通过这样的版本控制机制，云平台为团队提供了一个稳定、高效的协作环境，支持复杂项目的顺利推进。

（三）促进团队协作和沟通

1. 实时同步和共享

通过集中管理的数据和文档库，团队成员可以实时访问和共享最新的设计文件和数据，确保每个人都在使用最新的信息。这种实时同步功能消除了信息传递的延迟，促进了团队内部的高效沟通和协作。

2. 协作工具的集成

云平台通常集成了多种协作工具，如即时消息、视频会议和任务管理软件。这些工具与集中管理的数据和文档库无缝结合，进一步增强了团队的协作能力。团队成员可以在同一平台上进行讨论、共享文档和分配任务，极大地提高了工作效率。即时消息和视频会议使团队成员能够快速沟通和实时讨论问题，而任务管理软件帮助分配和跟踪任务进度，确保每个人都清楚自己的职责和项目状态。通过这种集成化的协作平台，信息传递变得更加及时和准确，团队能够更加高效地协同工作，减少了因沟通不畅导致的延误和错误，最终提升了项目的整体执行力和成功率。

（四）优化项目管理和监控

1. 实时监控和报告

项目经理可以通过云平台实时监控项目进度，查看每个任务的完成情况和团队成员的工作状态。这种实时管理能力使得项目管理更加高效，确保项目按计划进行，及时发现并解决潜在问题。

2. 数据分析和决策支持

集中化的数据管理还便于进行数据分析和生成报告。项目经理可以利用云平台提供的数据分析工具，全面了解项目进展情况，作出更准确的决策，提高项目的成功率。

云计算平台提供的集中管理的数据和文档库，不仅提高了数据的安全性和可靠性，还简化了文档查找和管理流程。这种集中化管理促进了团队的高效协作和沟通，优化了项目管理和监控流程，为船舶设计项目的成功提供了强有力的支持。通过统一存储、自动版本控制和实时同步，设计团队能够更高效地管理和使用数据，显著提升工作效率和项目执行力。

七、数据安全与备份

云计算服务提供商通常具备高水平的数据安全措施，包括数据加密、身份验证和权限管理等。这些措施确保只有经过授权的人员才能访问和操作数据，防止未经授权的访问和数据泄漏。数据加密在传输和存储过程中提供了双重保护，防止数据被截获或篡改。身份验证机制，多因素认证，增加了访问数据的难度，确保只有经过严格验证的用户才能登录系统。权限管理则通过分级权限控制，限制用户只能访问和操作与其角色相关的数据，进一步提高了数据的安全性和可靠性。云计算平台还提供了完善的备份和灾难恢复机制，确保数据在意外情况下仍然安全可用。云服务提供商通常会实施定期自动备份，将数据存储在不同的地理位置，防止单点故障。冗余备份和异地存储确保在数据丢失或系统故障时，能够迅速恢复数据，保障业务连续性。这些措施确保关键业务数据始终可用，减少因数据丢失或系统中断带来的业务影响。

对于涉及大量敏感数据的船舶设计工作，这些安全措施是至关重要的。船舶设计涉及复杂的工程数据和机密信息，任何数据泄漏或丢失都可能带来巨大的经济损失和安全风险。云计算平台提供的高水平安全措施和备份恢复机制，不仅保护了设计数据的安全性和完整性，还增强了企业应对突发事件的能力，确保项目能够在安全、稳定的环境中顺利进行。这些安全保障措施使得船舶设计公司可以放心地利用云计算平台进行高效的设计和协作，提高整体工作效率和项目成功率。

八、最新技术的快速应用

云计算平台不断更新和升级，用户可以在第一时间使用最新的技术和工具。船舶设计公司无须自行维护和升级软件系统，可以专注于核心设计工作，利用最新技术提升设计水平和竞争力。

（一）无须自行维护和升级

1. 自动化系统维护

云计算平台的服务提供商负责所有的软件和系统维护，包括安全更新、性能优化和新功能的集成。这意味着船舶设计公司不再需要分配专门的IT团队来处理这些任务，减少了人力资源的投入和管理复杂性。服务提供商的专业技术团队确保系统始终处于最佳状态，通过定期的安全更新和性能优化，保障系统的安全性和运行效率。新功能的及时集成使设计团队能够迅速利用最新的技术成果，提升设计质量和效率。这样，船舶设计公司可以将更多的资源和精力集中在核心设计工作上，推动创新和业务发展，而不必担心后台系统的维护和升级问题。总体而言，这种外包维护模式不仅降低了运营成本，还提高了企业的灵活性和竞争力，使其能够更快地响应市场需求和技术变化。

2. 持续更新和升级

云平台会定期推出新版本和更新，确保用户始终使用最新、最安全的软件系统。自动更新机制避免了版本滞后的问题，使公司能够享受最新技术带来的优势，而无须手动升级每个工作站。这不仅保证了软件的安全性和稳定性，还使得设计团队能够立即利用新功能和性能改进，从而提高工作效率和设计质量。通过持续的自动更新，企业能够保持技术领先，快速适应市场需求，优化工作流程，增强竞争力。

（二）专注于核心设计工作

1. 集中精力提升设计水平

将软件和系统维护的任务外包给云服务提供商，使设计公司能够将更多的时间和资源集中在核心设计工作上。云服务提供商负责处理所有的系统更新、性能优化和安全管理，使得设计团队无须分心于这些技术维护任务，能够全身心地专注于创新和改进设计方案。这种安排不仅提高了工作效率，还释放了更多的人力资源来推动设计和研发工作。专注于核心设计工作，设计团队可以更深入地研究和开发新技术，提升产品质量和性能，满足市场需求和客户期望。与此同时，减少了内部IT维护的复杂性和成本，使公司能够更灵活地分配资源，优化运营，提高整体竞争力。这种外包模式为设计公司提供了一个高效且集中的工作环境，有助于加速项目进展和创新步伐，最终实现更高的市场地位和商业成功。

2. 提高工作效率

使用最新的设计工具和技术，可以大幅提高设计工作的效率。例如，新版本的软件可能包含更快的计算引擎、更强大的仿真功能或更直观的用户界面，这些改进都能帮助设计团队更快、更好地完成任务。更快的计算引擎加速了复杂计算和分析的速度，缩短了项目周期。更强大的仿真功能提供了更精准和多样的模拟结果，使设计更具可靠性和创新性。更直观的用户界面简化了操作流程，减少了学习曲线和人为错误，提高了整体工作效率。通过这些先进工具的应用，设计团队能够专注于创造高质量的设计，增强公司的竞争力和市场响应能力。

（三）利用最新技术提升竞争力

1. 领先的技术优势

云计算平台提供的最新技术和工具，使设计公司能够在激烈的市场竞争中保持技术领先。利用最新的设计软件和仿真工具，设计团队可以开发出更先进、更具竞争力的产品。这些前沿技术不仅提升了设计效率和精度，还增强了创新能力，使公司能够快速响应市场需求，推出高质量的产品，从而在竞争中占据优势。

2. 快速响应市场需求

快速获取和应用最新技术，使设计公司能够更灵活地响应市场变化和客户需求。新技术的应用不仅加快了产品开发周期，还提升了设计的精度和可靠性，从而更快地将新产品推向市场。这样一来，设计公司能够迅速适应客户的需求和市场的动态变化，保持竞争力。采用最新的设计工具和仿真技术，团队可以实现更高效的工作流程，减少开发过程中出现的错误，提高产品质量。及时引入创新技术，设计公司不仅能缩短项目时间，增加客户满意度，还能在激烈的市场竞争中占据有利位置，推动业务持续增长和市场拓展。

3. 持续创新

云计算平台的持续更新和技术进步，为设计公司提供了源源不断的创新动力。设计团队可以不断尝试新工具和方法，探索新的设计理念和技术路径，保持创新活力。这种持续的技术更新确保了设计团队始终处于行业前沿，能够快速适应和利用最新的技术趋势和工具，提高设计质量和效率。通过不断创新，设计公司能够在竞争激烈的市场中保持领先地位，推动业务增长和发展。

通过不断更新和升级，云计算平台确保用户能够第一时间使用最新的技术和工具，使船舶设计公司无须自行维护和升级软件系统，专注于核心设计工作。借助最新技术，设计公司不仅能够提升设计水平和工作效率，还能增强市场竞争力和创新能力。自动化的系统维护和持续的技术进步，为设计公司提供了强大的技术支持，使其能够在快速变化的市场环境中保持领先地位。这种持续的技术更新使设计团队能够快速适应新工具和方法，不断创新，确保在行业中保持技术领先优势。

云计算在船舶网络工程中的应用具有显著的优势，包括资源整合与优化、高效的数据管理、增强计算能力、降低成本、提高协作效率、灵活的扩展性、数据安全与备份以及快速应用最新技术。这些优势不仅提高了船舶设计工作的效率和质量，还为企业带来了更大的经济效益和竞争优势。云计算的广泛应用将推动船舶设计行业向更加智能化和高效化的方向发展。

第6章 船舶通信技术与协议

船舶通信技术现状与发展趋势

通信技术主要研究信息传输和信号处理在通信过程中的原理和应用。它主要包括信息的收集、处理、传输、交换和再现过程。信号处理和信号损耗研究是通信工程中两个重要的研究环节。信号处理包括信号滤波，编码和解码等。信号损耗研究旨在减少信号传输过程中的损失。通信技术可根据传输方式分为有线通信、无线通信等方式；根据通信类型，可分为数据、语音、图像和视频通信；根据承载通信设备的平台，可以分为移动通信和固定通信；根据传输带宽，可以分为窄带通信、宽带通信和超宽带通信。船舶通信属于移动通信类别。

一、船舶通信技术

船舶通信技术采用大量通信手段，目的是有效收集、处理、传输、交换和再现有效信息。与内陆通信技术相比，船舶通信技术以船舶作为基本承载平台，主要应用于海洋船舶通信，具有以下技术特点。

（一）无线通信为主

1. 与外部通信通过无线进行

由于船舶在海洋上航行，与外界的通信只能通过无线通信进行。卫星通信和短波通信是主要的手段，可以实现全球范围内的无线通信。卫星通信利用地球同步轨道卫星传输信号，使船舶能够在任何海域与陆地保持稳定的联系。它具有广覆盖、长距离和高可靠性的优点，能够支持语音、数据和视频等多种通信形式。卫星通信还具备抗干扰能力强和传输速率高的特点，是现代船舶通信的主要方式之一。短波通信则依赖于电离层的反射和折射，能够覆盖更远的距离，特别适合在极地或偏远海域使用。尽管短波通信受天气和环境影响较大，但其设备相对简单、成本低廉，是卫星通信的有益补充。通过这些无线通信手段，船舶能够实现远程操控、实时数据传输和紧急情况的即时报告，极大地提高了海上航行的安全性和效率。

2. 卫星通信

利用卫星传输信号，船舶可以在任何海域与陆地保持联系。这种方式具有广覆盖、长距离和稳定的优点。卫星通信覆盖全球海域，无论船舶是在近海还是在远洋，都能实现可靠的通信连接。通过地球同步轨道卫星，信号传输可以跨越数千千米，确保船舶与岸上指挥中心之间的实时沟通。卫星通信不仅传输稳定，抗干扰能力强，还能支持多种通信形式，包括语音、数据和视频，满足船舶在航行中的各种通信需求。这些特点使得卫星通信成为船舶通信的主要手段，极大地提高了海上航行的安全性和效率。

3. 短波通信

短波通信依赖于大气层的反射和折射，能够覆盖更远的距离，特别适合远距离海上通信。然而，短波通信的性能受天气和环境影响较大，信号稳定性可能会受到干扰。尽管如此，短波通信仍是船舶在极地或偏远海域的一种重要通信方式，提供了低成本的远程通信手段。

（二）复杂的系统和设备需求

1. 设备多且系统复杂

船舶通信需要的设备种类繁多，包括天线、发射机、接收机、导航仪等，这些设备共同构成了复杂的通信系统。天线负责接收和发射信号，是实现远程通信的关键组件；发射机将信息转换为电磁波进行传输；接收机则将接收到的电磁波还原为可处理的信息。导航仪不仅能够帮助船舶定位，还能将导航数据通过通信系统传输到岸上指挥中心。这些设备相互协作，确保船舶在海上航行时能够实现稳定、高效的通信，支持多种形式的信息传递，从而保障船舶的安全运营和有效管理。

2. 广泛的通信频段覆盖

为了满足各种通信需求，船舶通信系统必须覆盖多个频段，从低频到高频都有所涉及。低频段通信通常用于长距离和低数据速率的传输，适合在广域覆盖和恶劣天气条件下使用；中频段和高频段则提供更高的数据传输速率和较短的延迟，适用于短距离和高数据量的通信需求。此外，高频段还支持卫星通信，确保全球范围内的可靠连接。通过覆盖这些频段，船舶通信系统能够灵活应对各种环境和需求，确保稳定、高效的信息传递，支持导航、安全管理和日常运营等多方面的通信要求。

3. 天线设计

由于船舶的使用环境和安装技术的限制，天线的体积较小且集成度较高。这些天线必须设计得足够坚固，以抵抗海洋环境的恶劣条件，同时要具备良好的性能。

（三）独立的通信和导航系统

1. 缺乏固定基础设施

与内陆通信不同，船舶通信技术没有固定的基础设施依托。船舶上的通信系统必须独立运作，确保在各种环境下保持稳定的通信能力。这意味着船舶必须依赖自身携带的天线、发射机、接收机等设备，通过无线通信方式与外界保持联系。无论是在近海还是在远洋，无论天气状况如何，船舶通信系统都需要具备高可靠性和抗干扰能力，以保证持续的、安全的通信连接。这种独立运行的通信能力对于海上航行的安全和效率至关重要。

2. 内部和外部通信独立

船舶内部的通信系统和与外界的通信系统相对独立运作。内部通信主要通过局域网和其他内部网络进行，确保船员之间的高效沟通和船上各系统的协同工作。外部通信则依赖无线手段，如卫星通信和短波通信，以实现与岸上指挥中心和其他船只的联系。这种独立的运作方式保证了内部和外部通信的稳定性和可靠性，满足了船舶在海上航行中的不同通信需求。

3. 独立导航

船舶通信系统与导航系统相结合，确保船舶在远洋航行中能够准确定位和安全航行。导航设备通常也需要与通信设备协同工作，以传输导航数据和接收指令。

船舶通信技术的特点决定了其复杂性和独特性。通过无线通信实现全球范围的连接、复杂的设备和系统要求，以及独立的通信和导航系统，这些特点共同确保了船舶在海洋中的通信能力和安全性。船舶通信技术不仅需要应对恶劣的海洋环境，还要满足远距离、稳定性和独立操作的需求，这些都使其成为一个高度专业化和技术密集型的领域。

二、船舶通信技术现状

今天的民用通信通常将不同的服务网络和终端与宽带基础设施网络连接起来。船内设备通过网络与船舶外部通信设备连接。船舶通信基础设施是一个由四个层次组成的综合网络，较低层次为上层提供服务。顶层是应用层，主要包括各种应用；第二层是网络服务层，提供数据，语音和视频等基本信息。第三层是协议层，主要包括ITU通信协议和IP通信协议；底层是基础设施层，主要为前端创建通信环境，如下图所示。

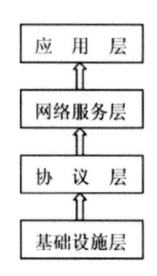

```
   应 用 层
      ↑
  网络服务层
      ↑
   协 议 层
      ↑
  基础设施层
```

（一）应用层

顶层是应用层，主要包括各种应用。这一层次直接面向用户，提供丰富的通信服务和功能，包括以下几个方面：

第一，导航系统。为船舶提供实时的定位和航行数据，通信系统利用全球导航卫星系统（GNSS）和船舶自动识别系统（AIS）等技术。这些系统通过接收卫星信号，准确确定船舶的位置，并实时更新航行数据，包括航速、航向和位置等信息。船员和岸上管理人员可以通过通信系统访问这些数据，确保船舶在航行过程中保持安全、遵循航线，并及时应对各种海上状况。这种实时定位和导航数据的提供极大地提高了航行的安全性和效率。

第二，监控系统。船舶通信系统用于监控船舶的各项运行参数和环境状况，确保航行安全。通过传感器和通信设备，系统实时采集并传输船舶的速度、燃料消耗、机械状态和海况等关键数据，使船员能够及时调整操作，预防潜在风险。

第三，通信应用。船舶通信系统支持语音通话、视频会议、即时消息和电子邮件等功能，方便船员之间以及与岸上管理人员的沟通。这种多功能通信平台确保了高效的信息交换和协作，提高了工作效率和应急响应能力。

第四，数据传输应用。包括气象数据、海况信息、物流管理等应用，提供重要的运营支持。

（二）网络服务层

第二层是网络服务层，能够提供数据、语音和视频等基本信息。这一层次负责信息的传输和交换，是实现各类应用功能的基础。主要功能包括以下几个方面：

第一，数据传输。船舶通信系统利用有线和无线网络，实现船舶内部和外部的数据交换。内部网络连接船上各个系统和设备，确保船员能够高效协同工作；无线网络则连接外部卫星和地面站，实现与岸上指挥中心和其他船只的实时通信。这样，船舶能够在航行中保持信息流通，提升安全性和运营效率。

第二，语音通信。船舶通信系统提供船员之间及与外界的语音通话服务，确保在航行过程中能够进行及时有效的沟通。这项服务支持船员内部协调和与岸上管理人员的联系，提升了操作效率和应急响应能力，保障了航行的安全和顺畅。

第三，视频服务。船舶通信系统支持视频监控和视频会议，提高了船舶的安全性和沟通效率。视频监控实时监测船舶各个关键区域，预防和及时处理安全隐患；视频会议则方便船员与岸上管理人员进行面对面的交流和协调，提高了协作效率。

（三）协议层

第三层是协议层，主要包括 ITU 通信协议和 IP 通信协议。这一层次负责数据传输的规范和标准化，确保不同设备和系统之间的互操作性和兼容性。关键协议包括以下两个方面：

第一，ITU 通信协议。国际电信联盟（ITU）制定的标准确保了全球范围内的通信互联和互通。这些标准涵盖了各种通信技术和协议，确保不同国家和地区的通信设备能够兼容和协同工作。通过统一的标准，国际电信联盟促进了全球通信网络的无缝连接，使船舶在任何海域都能与岸上指挥中心和其他船只保持可靠的通信联系。这不仅提升了通信效率，还增强了国际合作和海上安全。

第二，IP 通信协议。互联网协议（IP）支持数据包交换，确保数据传输的可靠性和有效性。通过 IP，数据被分割成小包并通过网络传输，最终在接收端重新组装，保证信息准确无误地到达目的地。这种机制广泛应用于船舶通信中，能够提供稳定和高效的数据传输。

(四)基础设施层

底部是基础设施层,主要为前端创建通信环境。它是整个通信系统的物理基础,包含各种硬件设备和连接设施,包括以下几个方面:

第一,天线系统。天线系统用于接收和发射无线信号,是实现长距离通信的关键组件。它们捕获传入的信号并将其传输到接收机,同时将发射机生成的信号发送到外部通信网络。天线的设计和性能直接影响通信质量和覆盖范围,对于船舶通信来说,可靠的天线系统是确保在海上远距离传输数据、语音和视频信号的核心要素。

第二,发射机和接收机。发射机和接收机负责信号的发送和接收,确保通信链路的建立和维护。发射机将信息转换为电磁波发送出去,接收机则捕捉这些信号并还原成可处理的信息,保证通信的顺畅和稳定。

第三,网络设备。包括路由器、交换机和网络接口卡等,用于建立船舶内部的局域网和连接外部通信网络。

第四,电源系统。为通信设备提供稳定的电力供应,确保系统的连续运行。

(五)综合网络的功能和优势

这种四层次的通信基础设施使得船舶通信系统具备高度的集成性和功能性。各层次之间的相互支持和协同工作,确保了通信系统的稳定性和可靠性。具体优势包括以下几个方面:

第一,高效的信息传递。各层次紧密配合,实现信息的快速、准确传递,满足船舶在航行中的各种通信需求。基础设施层提供物理连接和信号传输,协议层确保数据传输的标准化和可靠性,网络服务层处理数据、语音和视频的交换,而应用层则提供具体的通信功能和服务。通过这四个层次的协同工作,船舶通信系统能够高效地传递信息,保障航行安全和运营效率。

第二,灵活的扩展能力。模块化的层次结构使得系统能够根据需求进行扩展和升级,适应技术进步和应用需求的变化。这样,船舶通信系统可以灵活地添加新功能和改进现有组件,确保持续高效和现代化的通信能力。

第三,可靠的安全保障。多层次的安全机制和协议保护数据和通信的安全,防止信息泄漏和干扰。这些措施包括数据加密、身份验证、访问控制和防火墙保护,确保只有授权用户能够访问和操作系统。安全协议如 TLS 和 IPsec 进一步保障数据在传输过程中的完整性和保密性,使得船舶通信系统在各种环境下都能保持高水平的安全性。

船舶通信基础设施由应用层、网络服务层、协议层和基础设施层四个层次组成，每个层次为其上层提供支持和服务。这种综合网络结构确保了船舶通信系统的高效、可靠和灵活，能够满足现代船舶在复杂航行环境中的多样化通信需求，保障航行安全和运营效率。

三、船舶通信技术发展趋势

船舶通信技术在不断演进，随着科技的进步和海上作业需求的增加，船舶通信技术正朝着更高效、更可靠和更智能的方向发展。这种进步体现在多个方面，包括通信手段的多样化、系统集成度的提高、数据传输速度的提升以及安全防护能力的增强。通过不断创新和技术升级，船舶通信系统能够更好地满足现代航运和海上作业的需求，提升整体运营效率和安全性。

（一）卫星通信的普及和升级

1. 更高的带宽和速度

现代卫星通信技术正在不断提升其带宽和数据传输速度，使得船舶能够处理更大规模的数据传输需求，支持高清视频、实时数据传输和复杂的通信任务。通过先进的卫星技术，船舶在任何海域都能保持与岸上指挥中心和其他船只的高效通信。高带宽和高速率的传输能力使得实时监控、远程操作、紧急应对和远程协作成为可能，从而大幅提高了船舶运营的安全性和效率。此外，随着低地球轨道（LEO）卫星的应用增加，通信延迟进一步降低，确保了高质量的语音和视频通信，即使在极端环境下也能保持可靠的连接。这些进步使得船舶通信系统更加全面和强大，能够应对现代航运和海上作业中不断增长的需求。

2. 新型卫星的应用

低地球轨道（LEO）卫星和中地球轨道（MEO）卫星的应用越来越广泛，这些卫星提供了更低的延迟和更高的覆盖率，改善了传统地球同步轨道（GEO）卫星的不足，提供更可靠的全球通信服务。LEO 卫星由于其较近的轨道高度，通信延迟大大减少，适合需要实时数据传输和低延迟应用的场景。MEO 卫星则通过在中等高度轨道运行，结合了覆盖范围广和延迟适中的优点，能够为更多区域提供稳定的通信连接。通过结合使用 LEO 和 MEO 卫星，船舶通信系统能够实现更灵活、更高效和更可靠的全球通信，满足现代航运和海上作业的多样化需求。

（二）无线通信技术的创新

1. 5G 和未来网络技术

5G 技术的引入为船舶通信带来了革命性的变化，高速率、低延迟和大容量的特性使其成为海上通信的理想选择。未来的 6G 网络预计将进一步增强这些能力，提供更高效的通信解决方案。

2. 短波和超短波通信的改进

传统的短波和超短波通信技术正在经历升级，采用更先进的调制和编码技术，提高了抗干扰能力和数据传输效率。这些技术改进确保在恶劣海况下仍能保持稳定的通信连接，提供可靠的远距离信息传输。通过优化信号处理和增强信号强度，现代短波和超短波通信能够更有效地抵御环境干扰，保障船舶在各种海况下的通信需求，进一步提升了海上安全性和运营效率。

（三）物联网（IoT）和大数据的应用

1. 智能船舶

物联网技术的应用使得船舶上各类设备和系统能够相互连接和通信，形成一个智能化的船舶管理系统。大数据分析则帮助船舶优化运营、提高效率和降低成本。通过实时监测和数据收集，物联网设备能够提供关键的运行参数，供大数据平台分析，发现优化空间和预防潜在问题，从而提升船舶的整体性能和运营效益。

2. 远程监控和维护

IoT 设备和传感器可以实时监控船舶的各项运行参数，及时发现和预警故障，支持远程维护和管理，减少停航时间和维护成本。这些设备通过连续采集和传输关键数据，如引擎状态、燃料消耗和环境条件，帮助船员和岸上管理人员在问题发生前采取预防措施。通过远程诊断和维护，船舶可以避免不必要的停靠，确保连续运营，同时降低紧急维修的频率和费用，提高整体运营效率和可靠性。

（四）人工智能（AI）和自动化技术的集成

1. 自主导航和操控

人工智能技术的引入使得自主导航和操控成为可能，AI 算法可以处理大量航行数据，作出最佳决策，提高航行的安全性和效率。通过分析实时数据和历史数据，AI 系统能够预测航行风险、优化航线并自动调整船舶操作，从而减少人为错误，提升船舶的整体性能和反应能力。

2. 智能通信管理

AI 技术还可以用于优化通信资源的分配和管理，自动调整通信参数以应对不同的海况和需求，提高通信系统的整体性能。

（五）增强安全性和网络防护

1. 高级加密技术

随着网络威胁的增加，船舶通信系统将采用更先进的加密技术来保护数据传输的安全，确保敏感信息不被窃取或篡改。这些技术包括高级加密标准（AES）、公钥基础设施（PKI）和量子加密等，能够在数据传输的各个环节提供强有力的安全保障。通过加密技术的应用，船舶通信系统不仅能防止未经授权的访问，还能抵御各种网络攻击，保障船舶运营的安全性和数据的完整性。

2. 网络防护措施

多层次的网络安全防护措施将被广泛应用，包括防火墙、入侵检测系统（IDS）、入侵防御系统（IPS）和端点安全解决方案，以防止网络攻击和数据泄漏。

（六）综合通信系统的集成

1. 多功能通信平台

未来的船舶通信系统将更加综合化和集成化，支持语音、数据、视频等多种通信形式，提供一个统一的通信平台，简化操作和管理。通过整合各类通信功能，船舶将能够更高效地进行信息传递和协作，提高整体运营效率和安全性。这种综合通信系统不仅简化了设备和网络的管理，还能灵活应对不同的通信需求，确保船舶在各种环境下都能保持稳定和可靠的通信。

2. 云计算和边缘计算的结合

云计算和边缘计算技术的结合将进一步增强船舶通信系统的处理能力和响应速度，实现更高效的数据处理和服务提供。云计算提供强大的集中处理和存储能力，而边缘计算则通过在船舶本地处理数据，减少延迟并提高实时响应能力。这种结合使得船舶能够在处理复杂计算任务时充分利用云端资源，同时在需要快速决策和低延迟应用时依赖本地计算资源，提升整体系统的效率和可靠性。

船舶通信技术正朝着更高效、更可靠和更智能的方向发展。通过卫星通信的普及和升级、无线通信技术的创新、物联网和大数据的应用、人工智能和自动化技术的集成、增强安全性和网络防护以及综合通信系统的集成，船舶通信系统将变得更加先进和高效。这些技术趋势不仅提高了船舶的通信能力和运营效率，还为海上安全和管理带来了新的可能性。

船舶通信协议与软件技术的结合

船舶通信协议与软件技术的结合是实现高效、可靠和智能化船舶通信系统的关键。通过优化通信协议和开发先进的软件技术，船舶通信系统能够提供全面的服务，满足现代航运和海上作业的需求。

一、通信协议的优化

（一）国际标准协议的采用

采用国际电信联盟（ITU）和国际海事组织（IMO）制定的标准通信协议，如 GMDSS（全球海上遇险与安全系统）和 AIS（船舶自动识别系统），确保船舶通信系统的全球互联互通。这些协议规范了通信方式、频率使用和数据格式，使不同国家和地区的船舶能够在统一的标准下进行通信。

1.GMDSS（全球海上遇险与安全系统）

（1）全球互联互通

GMDSS 是一个国际性安全通信系统，通过卫星和陆基电台，实现全球范围内的遇险和安全通信。无论船舶在全球任何位置，都能通过 GMDSS 系统发出求救信号并获得及时的救援响应。该系统整合了多种通信手段，如甚高频（VHF）、中频（MF）、高频（HF）无线电和卫星通信，确保在各种海况和位置下都能提供可靠的紧急通信服务，提高了海上航行的安全性和应急响应能力。

（2）统一的通信方式

遇险信号的传输方式被规范化，包括使用甚高频（VHF）、中频（MF）

和高频（HF）无线电通信，以及卫星通信（如 Inmarsat 和 CospasSarsat）。这种多层次的通信手段确保了在不同环境下的有效通信，使得船舶能够在各种海况和位置下发出求救信号，获得及时的救援响应。这些规范确保了通信系统的可靠性和全面性，提高了海上航行的安全性和应急能力。

（3）频率使用规范

GMDSS 规定了特定的频率用于遇险和安全通信，确保这些频率在全球范围内不被其他通信占用。例如，VHF 频道 16 是国际遇险和安全通信频道，专门用于紧急呼叫和初步通信。

（4）数据格式标准化

GMDSS 系统中的数字选择呼叫（DSC）技术使得遇险信号和其他重要信息可以通过标准化的数据格式进行传输。这种标准化的数据格式确保了不同船舶和救援单位之间的信息互通和兼容。

2. AIS（船舶自动识别系统）

（1）船舶识别和跟踪

AIS 系统使用标准化的 VHF 频段，实时传输船舶的身份、位置、航向和速度等信息。通过 AIS 系统，其他船舶和岸基设施可以识别和跟踪船舶的位置和动态，强化海上交通管理和安全。

（2）数据格式和传输协议

数据的编码和传输格式被规范化，使得不同制造商的 AIS 设备能够互相兼容。这些信息以标准化的数据包形式通过 VHF 信道进行广播，确保全球范围内的统一解读和使用。通过这种标准化，船舶和岸基设施可以可靠地共享和接收航行信息，强化了海上交通管理和安全。

（3）频率使用规范

AIS 系统规定使用专门的 VHF 频段（如 AIS1 和 AIS2 频道），避免与其他通信服务的干扰。这种专用频段的划分确保了 AIS 信号的清晰度和可靠性。

（4）互操作性和兼容性

通过采用 AIS 标准协议，不同国家和地区的船舶和海岸站可以无缝连接和互操作。AIS 系统的标准化设计使得国际航运中的船舶能够共享和接收一致的信息，促进了全球航运的安全和效率。

3. 全球标准化的优势

（1）增强安全性

标准化的通信协议，如 GMDSS 和 AIS，显著提高了船舶在紧急情况下的安全性。遇险信号和位置报告的全球统一格式和频率使用确保了救援行动的迅速和有效响应。

（2）提高效率

标准通信协议简化了船舶之间及其与岸基设施的通信流程。统一的通信方式和数据格式减少了误解和错误，提高了信息交换的效率和准确性。通过采用这些标准，船舶能够快速、清晰地传递和接收重要信息，确保航行安全和高效运营。这种标准化不仅促进了国际航运的顺畅运行，还增强了各国之间的协作和应急响应能力。

（3）支持国际航运

通过遵循 ITU 和 IMO 制定的标准通信协议，船舶在国际航行中能够轻松与不同国家和地区的通信系统兼容。这种全球互联互通的能力对于国际贸易和物流至关重要，确保了海上运输的顺畅和可靠。

采用国际电信联盟（ITU）和国际海事组织（IMO）制定的标准通信协议，如 GMDSS 和 AIS，确保了船舶通信系统的全球互联互通。这些协议通过规范通信方式、频率使用和数据格式，使得不同国家和地区的船舶能够在统一的标准下进行通信，显著提高了海上安全性和运营效率，支持了国际航运的稳定和发展。

（二）互联网协议的应用

互联网协议（IP）在船舶通信中的应用越来越广泛，支持数据包交换，确保数据传输的可靠性和有效性。IP 协议使得船舶能够接入全球互联网，实现与岸上指挥中心和其他船舶的实时通信。这种实时通信能力大幅提升了船舶运营的效率和安全性，允许快速传递航行数据、天气信息和紧急指令。此外，IPv6 的推广解决了地址资源不足的问题，为船舶通信提供了更多的网络地址和更高的安全性。IPv6 不仅增加了地址空间，还增强了网络层的安全特性和性能，通过更好的加密和认证机制保护数据传输的完整性和机密性。总之，互联网协议的应用使船舶通信变得更加高效、灵活和安全，为现代航运提供了坚实的技术基础。

二、软件技术的创新

（一）综合通信平台的开发

开发综合通信平台，将语音、数据、视频等多种通信形式集成在一个统一的平台上，简化操作和管理，具有显著的优势。这种平台通过统一的界面和操作方式，消除了多种通信工具之间的复杂性和不一致性，使用户能够更轻松地进行信息交流和任务协调。无论是语音通话、数据传输，还是视频会议，都可以在同一个平台上无缝进行，从而提高了操作的简便性和效率。综合通信平台具备强大的后台处理能力，可以处理大量的通信数据和流量，确保通信的稳定性和高效性。后台系统能够智能地管理和分配资源，优化网络性能，减少延迟和中断，保证通信质量。强大的后台支持还能够提供丰富的数据分析和管理功能，帮助用户实时监控通信状态，进行故障排除和优化调整，从而进一步提升通信服务的可靠性和用户体验。

综合通信平台通过友好的用户界面设计，提升了用户体验和操作便利性。直观的界面和简洁的操作流程，使船员能够迅速上手使用各种通信功能，减少学习成本和操作失误。用户界面不仅美观，还能根据用户需求进行定制和优化，从而提供个性化的服务和支持。通过这种高效、便捷的通信平台，船员们可以更加顺畅地进行信息交流和任务协调，提高整体工作效率和协作效果。

（二）云计算和边缘计算的结合

结合云计算和边缘计算技术，增强船舶通信系统的处理能力和响应速度。云计算提供强大的数据处理和存储能力，支持大规模的数据分析和复杂计算任务；边缘计算则通过本地处理数据，减少延迟，提高实时响应能力。这种结合使船舶通信系统既能利用云端资源，又能快速应对紧急情况和实时需求。

三、数据安全与加密技术

（一）高级加密技术的应用

采用高级加密标准（AES）、公钥基础设施（PKI）和量子加密等技术，能够有效保护数据传输的安全性，防止敏感信息被窃取或篡改。具体来说，AES 是一种对称加密算法，以其高效性和安全性被广泛应用于保护数据的保密性。它通过加密密钥将数据转换为难以破解的密文，只有持有正确密钥的接收方才能解密，还原为明文，从而确保了数据在传输过程中的保密性和完整性。公钥基础设施（PKI）则提供了一种安全的密钥管理机制，通过使用一对公钥和私钥来实现加密和解密。PKI 不仅能验证通信双方的身份，还能通过数字签名确保数据在传输过程中的真实性和完整性，防止信息被篡改。通过数字证书，PKI能够建立信任关系，确保只有经过认证的用户和设备才能参与通信，从而有效防止中间人攻击和身份伪造。量子加密技术是未来网络安全的前沿技术，通过利用量子力学原理来实现加密和密钥分发。量子加密中的量子密钥分发（QKD）能够检测任何窃听行为，因为量子态的测量会不可避免地改变其状态，从而被通信双方发现。这种特性使量子加密在理论上可以实现绝对安全的通信，有效地防止数据在传输过程中被窃取或篡改。

通过综合应用AES、PKI和量子加密技术，建立一个多层次的安全保护体系，能够有效地保障船舶通信系统的数据传输安全。这些技术的结合，不仅能提供高效和可靠的加密手段，还能确保通信数据在传输过程中的完整性和真实性，防止各种网络攻击和干扰，从而保障船舶运营的整体安全性和数据的完整性。

（二）网络安全防护

结合防火墙、入侵检测系统（IDS）、入侵防御系统（IPS）等网络安全技术，建立多层次的安全防护体系，对于确保船舶通信系统的安全性和可靠性至关重要。防火墙作为第一道防线，能够有效阻挡未经授权的访问和潜在的恶意攻击，维护网络的基本安全。IDS通过持续监控网络流量，及时检测异常活动和可疑行为，提供早期预警，帮助管理人员迅速识别潜在威胁。IPS在此基础上进一步增强防护能力，不仅能检测到入侵行为，还能够主动采取措施阻止攻击的发生，防止威胁扩散。通过这些技术的协同工作，形成一个综合的、动态的安全防护体系，能够实时监控和防护船舶通信系统的网络环境。这样的多层次防护策略，确保了系统在面对各种复杂的网络威胁时，能够及时发现、迅速响应和有效防御，保障通信的持续性和稳定性，提升船舶运营的整体安全水平。

四、智能化和自动化技术

（一）人工智能的应用

引入人工智能技术，实现自主导航和操控。AI算法可以处理大量航行数据，作出最佳决策，提高航行的安全性和效率。智能通信管理系统可以自动调整通信参数，优化资源分配，提高通信系统的整体性能。

（二）自动化运维

开发自动化运维软件，实现对船舶通信设备的远程监控和维护，是提升船舶运营效率和降低成本的关键。通过物联网（IoT）设备和传感器，系统能够实时监测通信设备的状态，收集和分析各项运行数据，如温度、电压、信号强度等。一旦检测到异常或潜在故障，系统会立即发出预警，通知维护人员采取相应措施，从而预防故障的发生或扩展。自动化运维软件不仅能够提供实时的设备状态报告，还可以进行历史数据分析，帮助优化维护计划和资源配置，确保设备始终处于最佳运行状态。远程监控和维护功能减少了需要船员进行的手动检查和现场维护，缩短了维修响应时间，减少了停航时间和维护成本。此外，该系统还能进行自动化升级和配置管理，确保船舶通信系统的软件和固件始终保持最新和最安全的状态。综合来看，这种自动化运维软件通过提升设备管理的智能化和精细化，显著提高了船舶运营的效率和可靠性。

船舶通信协议与软件技术的结合，通过优化通信协议、创新软件技术、加强数据安全和应用智能化技术，实现了船舶通信系统的高效、可靠和智能化。这些技术的集成和应用，不仅提高了船舶的通信能力和运营效率，还增强了其安全性和灵活性，满足了现代航运和海上作业的多样化需求。通过不断推进技术创新和优化，船舶通信系统将继续发展，支持更高效和智能的海上作业。

第7章 智能船舶系统与自主网络

智能船舶系统概述

当前,全球正处于第四次工业革命的浪潮中,这一时代以数字化技术推动产业变革,标志着继蒸汽机、电气化和信息化之后,全球工业迎来全面智能化升级的阶段。

自21世纪以来,包括中国在内的世界主要造船大国先后开始了智能船舶的研制,近期也相继在智能船舶领域加大加快推进战略布局,旨在抢占这一未来技术高地,获得"自主船"时代发展先机。韩国更是在其《韩国造船再腾飞战略》中提出,到2030年韩国造船业将在自主航行船舶领域争取50%的全球市场占有率,守住造船业全球第一的位置。同时,国际海事组织(International Maritime Organization,IMO)自2018年第99次会议以来,开始了海上水面自主船(Maritime Autonomous Surface Ships,MASS)规则的立法工作。在2022年第105次会议上,IMO通过了推动MASS发展的路线图,计划到2024年年底通过非强制性的MASS规则,并于2028年1月1日起强制实施。

作为传统工业的重要组成部分,船舶工业正面临国际法规和国外产业竞争的双重压力。为了在全球竞争中脱颖而出,实现船舶工业的做强、做优和做大的目标,并获得新的发展动能,中国必须推进船舶智能化的转型升级,这已成为必然趋势。

一、智能船舶内涵

目前对工业4.0的普遍认识为:其是1套应用于工业的技术,将机器、产品和服务连接起来,通过收集和分析数据,建立灵活、快速和高效的流程,以生产价廉物美的产品。在该范围内考虑的最相关技术便是物联网、云计算、网络安全、增强和虚拟现实、增材制造、自主机器人、仿真和区块链等。

然而，与汽车、航空、航天等其他行业相比，船舶的智能化进展却略显缓慢，这是因为船舶领域有其自身的特点和难点，主要体现在以下几个方面。

（一）系统复杂度高

船舶系统涉及多个专业领域，包括总体、结构、舾装、轮机和电气五大专业，每个专业还可以进一步细分为几十个小专业。船舶系统及其零件数量庞大，复杂程度极高。以国产首艘豪华邮轮爱达·魔都号为例，其零件数量达到千万级别，相比之下是飞机的数十倍、汽车的数百倍。全船包含了136套系统、2万余套设备以及2500万个零件，配备的电缆总长度达4200千米，管系长度为350千米，风管长度为450千米。这些数字不仅展示了现代船舶工业的复杂性和精密性，也体现了船舶制造和管理过程中所面临的巨大挑战。

（二）标准化程度低

船舶种类繁多，达上百种，涵盖了广泛的用途和功能。其中，有用于大宗货物运输的散货船、集装箱船和油船，这些船型专为高效运输大批量货物设计。此外，还有液化天然气船和汽车滚装船，这类高端船型专门用于运输特定品类，如液化气体和车辆等。用于运送旅客并提供休闲娱乐的客船和旅游船，为旅客提供舒适的旅程体验。工程作业船如风机安装船和油田守护船，则专门服务于海上工程和油田作业等特殊需求。

即使是同种船型，由于不同的吨位、载重量或船东的特定要求，建造交付的船舶也会有显著差异。这导致造船更多是定制化小批量（甚至单件）生产，而非大批量建造。每艘船舶的设计和建造都需要根据具体需求进行调整，以满足船东的特定要求和运营条件。船舶根据不同的航区，如远洋船舶、沿海船舶、近海船舶和内河船舶等，其船型及相应的设备配置也会有较大差别。远洋船舶通常需要具备更强的抗风浪能力和更高的续航能力，而内河船舶则注重适应狭窄航道和低水位操作的要求。沿海船舶和近海船舶则介于两者之间，根据特定航区的环境条件和航行要求进行优化设计。总之，船舶种类的多样性和定制化生产的需求，使得船舶工业具备高度复杂性和专业化的特点。

（三）产业相关方

远洋船舶具有巨大的价值。例如，一艘1万标准箱的集装箱船价值超过1亿美元。这类高价值资产不仅由传统的自营船东运营，还涉及船舶租赁、船舶管理、船舶保理等多方的参与，使得整个运营过程更加复杂和多样化。远洋船舶在全球各个港口之间运输不同品类的货物，需要与港口、海关、航道、货主等多方互通信息，以确保运输过程的顺利进行。这个过程需要高效地协调和沟通，以处理货物装卸、通关手续、航线规划等多个环节的事务。信息的互通性和准确性至关重要，因为任何一个环节的失误都可能导致重大经济损失或运营延误。因此，远洋船舶的运营不仅依赖于船舶本身的性能和技术水平，还需要一个完善的管理体系和强大的信息化支持，以应对各种复杂的国际物流和贸易环境。这些因素共同构成了远洋船舶运营庞大而复杂的体系，要求相关方具备高度的专业能力和协作精神，以确保运营的高效、安全和可靠。

（四）数字化基础薄弱

与陆上产品相比，船舶数字化基础相对薄弱，主要体现在以下几个方面：

第一，船舶航行于大海，与外界通信难度较大，因此对设备的可靠性要求极高。船东更倾向于使用成熟可靠的产品，因为这些产品经过长期实践检验，能够在恶劣的海洋环境中稳定运行。新兴的数字化、电子化设备尽管具有先进功能，但由于其在实际应用中的可靠性尚未完全得到验证，船东对其接受程度较低。船东更注重设备的稳定性和可靠性，以确保航行安全和通信畅通，避免因设备故障导致的运营风险和经济损失。

第二，船用设备开发周期长且价格高，这主要是因为其需适应海上高盐雾、高潮湿、易振动等复杂多变的环境。因此，船用设备必须具备极高的耐用性和可靠性，能够在严苛的海洋条件下稳定运行。由于这些特殊要求，陆上数字化设备并不适合直接移植到船上使用。船用设备需要经过专门的设计和严格的测试，以确保其能够抵抗海上环境中的各种不利因素，从而保障船舶的安全运营和通信畅通。这种独特的环境适应性要求决定了船用设备的研发投入大、技术门槛高，且需要长时间的开发和验证周期。

第三，尽管国外船用设备厂商数字化程度较高，但也未达到陆上产品的水准，并且开放度不够；国内船用设备厂商则因数字化基础较差且研发需大量投入，故转型意愿不足。

从上述分析可以看出，船舶行业实现智能化转型升级需要付出更多努力、克服更多困难。若要获得解锁智能船舶发展的钥匙，首先必须对智能船舶的内涵有清晰的理解和认识。

《智能船舶发展白皮书——远洋船舶篇（2023）》（下文简称"白皮书"）把智能船舶定义为：综合运用感知、通信、控制、人工智能等先进信息技术，具备对复杂环境及自身状态的自主感知、智能决策、多等级自动控制能力，比传统船舶更加安全、经济、环保、高效的新一代船舶。具体而言，智能船舶在从出生到消亡的全生命周期（即从研发、设计、建造再到运营和拆解）活动中，都比传统船舶具备更高的智能化水平和自主能力。其不是简单的自动化，而是赋予了船舶人类思维的能力，能够在复杂的环境和场景下进行自我学习并不断进化分析决策和执行能力。此外，智能船舶也是其全生命周期的不同相关方在不同层次、维度上的数据、知识和模型的载体和集成平台。

二、智能船舶系统发展趋势

在国际海事组织（IMO）海上安全委员会（Marine Safety Committee，MSC）第 99 届会议上，正式宣布将研究并制定相关公约，以规范和解决海上水面自动船舶（Maritime Autonomous SurfaceShip，MASS）的安全、环保等问题。此后，MASS 成为每届 MSC 会议的热点议题。2022 年 4 月，MSC 第 105 届会议制定了为 MASS 开发 IMO 规则的工作计划，初期将以非强制性原则制定规则，预计在 2024 年下半年通过。在此基础上，将制定强制性规则，预计在 2028 年生效。这一系列举措表明，智能船舶的发展将迎来加速阶段。结合国内外的发展现状分析，智能船舶系统将向新型智能系统、智能系统网络安全、船岸通信系统升级以及智能船舶测试验证技术等方向发展。

（一）新型智能系统

随着现代信息技术和人工智能在智能船舶领域的不断发展与应用，关键智能技术如船舶智能感知系统、智能航行系统、网络与通信系统等将迎来突破性进展。根据不同类型船舶的任务需求，各自的智能系统发展路线将细分出专业化、定制化的新型智能系统。船舶设备的智能化水平、设备集成度以及船岸协同交互能力将进一步提升，推动智能船舶技术迈向新的高度。在当前航运市场低迷、船舶运力过剩和节能减排限制等现实条件下，发展智能船舶、绿色船舶和新能源船舶成为各大航运公司未来发展的重点方向。这些技术不仅能提高船舶营运效率、降低排放，还能减少因人员失误导致的事故，保障航行安全。为此，开发配套的新型智能任务系统至关重要。未来，智能船舶将在感知、认知、决策、控制和执行等功能模块上实现重大突破，催生出船用智能机器人、远程驾驶控制系统、自动靠离泊系统、自主避碰系统、船岸协同系统、船舶排放监控系统和货物智能管理系统（装卸货）等新型智能系统。这些系统将进一步提升船舶的智能化水平，推动航运业向更加高效、安全和环保的方向发展。

（二）智能系统网络安全

随着船舶网络化程度的逐渐提高，船舶网络安全面临越来越多的威胁，船舶智能系统的网络安全问题已引起国际海事领域的高度关注。国际船级社协会将船舶网络安全监管作为未来的主要工作之一。波罗的海航运工会在2016年发布了第1版《船舶网络安全指南》，国际海事组织也先后批准通过了《海事网络风险管理指南》和《安全管理体系中的海事网络风险管理》。此外，中国船级社编写了《海事网络风险评估与管理体系指南》，该指南于2020年生效。这些举措表明，全球海事行业正积极采取措施应对网络安全挑战。目前，我国智能船舶发展的重点任务主要包括提升智能船舶的网络和信息安全防护能力，确保智能船舶系统的网络与链路安全、系统硬件与软件安全以及船舶数据安全。2019年，全球首艘大型集装箱智能船舶"荷花号"获得了中国船级社颁发的全球首张智能船舶网络安全证书，这标志着我国在智能船舶网络安全领域取得了重要突破。

（三）船岸通信系统升级

智能船舶系统的进一步发展需要宽带互联网平台支持的大规模云计算服务，需要占据一定的卫星宽带资源。2017年，我国首颗高通量通信卫星成功发射，实现了大陆东部附近水域航行船舶的低资费卫星宽带服务。预计未来10~15年，智能船舶能够得到高速率、低费率和低延迟的卫星宽带服务。智能船舶包含船舶、港口物流及船队调度管理的船岸一体综合服务，船岸通信系统是其核心，海事卫星通信技术的发展将促使船岸通信系统升级，确保智能船舶船岸通信系统在高通量、低时延条件下的可靠性。

（四）智能船舶测试验证技术

世界主要航运国家和各大船级社都在积极探索智能船舶功能测试技术、测试标准体系和分类等级划分。目前已有多个国家建立了智能船舶水上实验场，但智能船舶功能测试的验证方法、测试标准、操作规范和海况场景等都在探索阶段。2016年，挪威在特隆赫姆峡湾区设立了全球首个智能船舶海上试验区（Trondheimsfjorden 试验场），成为多家高校和公司开展无人驾驶技术测试的场所。2017年，芬兰建立了全球首个对外开放的海上无人船测试场（Jaakonmeri 测试场），该区域的海域和航道环境复杂，适合进行多场景的船舶自动驾驶技术测试。2018年，比利时向公众开放了智能航行测试场，此测试场基于莱茵河航行管理委员会的智能船舶等级分类规范标准进行测试。

2018年，珠海启动了亚洲首个无人船试验场的建设，并且获得了中国船级社颁发的首张测试场服务供应方认可证书。此后，中国在山东日照、青岛以及广东湛江等地相继建设了多个智能船舶海上试验场。

目前，国内外智能船舶海上试验场大多专注于小型无人船进行智能航行系统能力的测试，而对于大型船舶的智能能效系统、智能货物系统、智能机舱状态监测系统以及船岸信息一体化系统等，尚未建立相应的评价标准和完善的海上试验验证体系。

基于软件技术的自主网络设计与实现

基于软件技术的自主网络设计与实现是指通过软件定义网络（Software Defined Networking，SDN）和网络功能虚拟化（Network Function Virtualization，NFV）等技术，实现网络管理和控制的智能化、灵活化和高效化。

一、软件定义网络（SDN）的核心概念

软件定义网络（SDN）是一种网络架构，通过将网络控制功能集中在中心控制器上来管理和控制网络数据平面的数据流动。在传统网络中，路由器和交换机通常负责同时处理数据的转发和控制功能，这导致网络管理和策略控制相对分散和复杂。而SDN的关键创新在于将控制逻辑抽象出来，通过中心控制器与数据平面之间的通信来实现对网络的集中管理。在SDN架构中，中心控制器负责整体网络的决策和控制，它基于网络状态和运行情况，向数据平面下发控制指令。数据平面则包括路由器、交换机等网络设备，负责实际的数据包转发。这种分离控制平面和数据平面的架构使得网络管理更为灵活和响应迅速，能够根据实时需求动态调整网络流量的路径和策略。SDN的优势包括灵活性和可编程性，管理员可以通过编程接口（API）定义和调整网络行为，快速适应不同的应用需求和网络变化；集中化的管理和安全策略：中心控制器能够统一管理和实施网络安全策略，有效提高网络安全性；降低运维成本：通过自动化和集中管理，减少了配置和维护的复杂性，降低了网络运营成本。SDN技术的应用场景涵盖了数据中心网络、广域网、企业网络和电信运营商网络等多个领域。随着云计算、大数据和物联网等技术的发展，SDN作为支撑网络智能化和自动化的关键技术，正在越来越广泛地被采用和

推广，为现代网络架构带来了新的发展和可能性。

二、网络功能虚拟化（NFV）的应用

Network Function Virtualization（NFV）是一种网络架构和技术，旨在通过将传统的网络功能从专用硬件中解耦，转而部署在通用的服务器硬件上，通过虚拟化技术实现网络功能的运行。传统上，网络设备功能如防火墙、路由器、负载均衡器等通常是集成在专用硬件设备中的，而NFV技术的出现改变了这种模式，使得这些网络功能可以以软件形式运行在标准的服务器上，而不再依赖于特定的硬件设备。NFV的核心理念包括以下几个方面：

第一，解耦硬件和软件。将网络功能从专用硬件中抽象出来，通过虚拟化技术在通用的服务器硬件上运行。

第二，虚拟化技术。利用虚拟机（VM）或容器等技术，将网络功能软件化，使其能够在同一硬件上并行运行多个网络服务，提高硬件资源的利用率和灵活性。

第三，灵活性和可扩展性。NFV使得网络服务可以根据需求动态部署、扩展和调整，无须更换物理设备，从而提升了网络功能的灵活性和可管理性。

第四，降低成本和简化管理。减少了对专用硬件设备的需求，降低了设备购买、部署和维护的成本，同时简化了网络服务的管理和运维流程。

NFV技术的应用覆盖了广泛的网络领域，包括数据中心网络、电信运营商网络、企业网络等。通过NFV，运营商和企业可以更快速地部署新的网络服务和功能，支持快速的业务创新和需求变化，同时有效地提高了网络资源的利用率和灵活性。NFV作为现代网络架构的重要组成部分，不仅能够帮助组织降低成本、提高效率，还为网络服务的创新和发展提供了强大的技术支持。

三、自主网络的设计原则与挑战

（一）智能化与自动化

自主网络设计的关键在于利用智能算法和自动化技术，特别是机器学习和人工智能，来实现网络的自动化运维和故障诊断。这种设计不仅能够减少人工干预，还能显著提升网络的运行效率和可靠性。通过机器学习算法，网络可以自动学习和优化，从而快速应对复杂的网络环境变化和问题。人工智能技术则使得网络能够实时分析大量数据，并基于分析结果作出智能决策，改善网络资源的利用和分配，进一步优化网络性能。这种智能化和自动化的

网络设计不仅有助于降低运维成本,还能够提升网络的响应速度和整体安全性,适应现代信息化需求的快速发展。

(二)安全性与隐私保护

在设计自主网络时,数据安全和隐私保护是至关重要的考虑因素。采用有效的加密技术、严格的访问控制和全面的安全监控措施,是确保网络操作安全性的关键步骤。加密技术可以有效保护数据在传输和存储的过程中不被未经授权的访问者窃取或篡改,确保数据的完整性和保密性。同时,通过精确的访问控制策略,可以限制和管理用户、设备和应用程序对网络资源的访问权限,防止未经授权的访问和操作。安全监控则通过实时监测网络流量、识别异常行为和及时响应安全事件,提升网络对潜在威胁的感知能力,并采取相应措施进行应对和防范。设计自主网络时必须综合考虑加密技术、访问控制和安全监控等多层次安全措施,以保障数据的安全性和隐私保护,从而确保网络操作的安全可靠性。这种综合性的安全设计不仅有助于防范网络攻击和数据泄漏风险,还能够提升整体网络的稳定性和用户信任度,促进网络系统在复杂环境中的持续运行和发展。

(三)开放性与互操作性

在设计自主网络时,确保具备开放接口和协议、支持多厂商设备的互操作性,以及与外部系统的集成,是设计考虑的关键因素。

1. 开放接口和协议

自主网络设计应当积极采用开放的标准接口和协议,如 RESTful API、NETCONF 和 OpenFlow 等。这些接口和协议不仅使得不同厂商的网络设备能够互相通信和交互,还能显著降低供应商锁定风险。通过开放接口,网络管理员可以根据实际需求选择最适合的设备和解决方案,而不受特定供应商的限制。这种灵活性和可选择性不仅提升了网络的管理效率和运行灵活性,还为未来的扩展和升级提供了坚实的基础,促进了网络技术的创新和发展。

2. 支持多厂商设备的互操作性

自主网络设计的关键之一是确保不同厂商的网络设备能够有效地协同工作和互操作,这可以通过采用符合国际标准的开放接口和协议来实现。这些开放的接口和协议,如 RESTful API、NETCONF、OpenFlow 等,提供了统一的通信语言和交互方式,使得来自不同厂商的设备可以无缝地集成和交互。通过这种方式,网络管理员可以在保持灵活性的同时,整合多种技术和服务,从而为网络带来更丰富和多样化的功能。开放接口和协议的应用不仅简化了设备之间的互操作性问题，还降低了管理和维护的复杂性。网络可以更轻松地适应不同的业务需求和技术进展，例如通过集成新的安全技术、智能分析功能或者云服务平台，进一步提高网络的能力和效率。此外，这种开放性也为厂商和开发者提供了创新的空间，推动了网络技术的快速发展和应用。

通过采用符合国际标准的开放接口和协议，自主网络设计可以确保设备的互操作性，促进多种技术和服务的集成，为企业和组织提供高效、灵活和创新的网络解决方案。

3. 与外部系统的集成

自主网络的设计必须能够有效地与外部系统（如云服务、物联网平台和企业应用系统）进行集成，以实现更广泛的网络服务提供和资源共享。这种集成通过使用 API 和标准协议来实现数据交换和通信，从而支持高级应用如智能分析、自动化运维和动态资源分配等关键功能。通过与云服务平台的集成，网络可以获得弹性计算能力和存储资源，实现按需扩展和优化成本管理。与物联网平台的连接可以实现对设备数据的实时监控和分析，从而提升网络的实时响应能力和智能化水平。与企业应用系统的集成可以实现业务流程的无缝对接，加强企业内外部信息共享和协同工作。这种综合的集成能力不仅提高了网络的灵活性和效率，还为企业和组织提供了更加智能化和创新的网络解决方案。

通过开放接口和协议的使用、确保设备的互操作性以及与外部系统的紧密集成，自主网络可以实现更高效的运行管理、更广泛的服务提供和资源共享，从而为企业和组织提供强大的信息技术基础设施支持，促进业务创新和增长。

四、实现自主网络的关键技术

（一）云计算和边缘计算

云计算和边缘计算技术在提供网络服务方面发挥了重要作用，通过它们可以实现灵活的网络资源管理和应用部署。在云计算方面，企业和组织可以利用云服务提供商的基础设施和平台服务，例如虚拟机、存储和网络功能，来扩展其计算能力和存储空间，实现按需分配和动态扩展。这种灵活性使得企业能够根据实际需求调整资源使用，同时优化成本和效率。边缘计算则将计算能力和数据存储更接近用户或数据源的位置，以降低延迟并提高响应速度。边缘设备和边缘节点能够处理和存储数据，减少对数据中心的依赖，尤其适合需要实时处理和反馈的应用场景。通过边缘计算，网络服务可以更快速地响应用户请求，支持更高效的数据处理和分析，从而提升用户体验和服务质量。

综合利用云计算和边缘计算技术，企业能够实现多样化的应用部署，无论是基于云端的大规模数据处理和存储，还是基于边缘的实时数据分析和处理。这种混合部署模式不仅提高了网络资源的利用率和灵活性，还能够支持复杂的业务需求和应用场景，推动网络服务向更智能化和更高效化发展。

（二）容器化和微服务架构

容器化技术和微服务架构在实现网络功能的快速部署和扩展方面具有显著的优势。通过容器化，网络功能可以被打包为轻量级、独立的容器，每个容器运行特定的应用或服务，相互隔离且可跨平台运行。这种方式极大地简化了应用的部署和管理过程，提高了开发、测试和生产环境之间的一致性，同时降低了资源的使用成本。微服务架构进一步促进了网络功能的灵活组合和管理。将复杂的应用拆分为小型、自治的服务单元，每个服务单元专注于特定的业务功能，通过 API 或消息队列进行通信和协作。这种模块化的架构使得开发团队可以独立开发、部署和扩展每个微服务，而无须影响整体系统的稳定性和性能。此外，微服务还支持多语言和多技术栈的混合部署，允许选择最适合特定任务的编程语言和工具。

结合容器化技术和微服务架构，网络服务可以更加灵活地应对需求变化和业务扩展。运维团队可以利用容器编排工具（如 Kubernetes）自动化管理和扩展容器化应用，实现高可用性和弹性的网络架构。这种现代化的部署方式不仅提高了系统的可靠性和可维护性，还能够更快速地推出新功能，以响应市场的变化和用户的需求，从而提升整体的服务效率和竞争力。

（三）软件定义安全（SDSec）

结合 SDN（软件定义网络）和 NFV（网络功能虚拟化），可以实现网络安全功能的高度虚拟化和集中管理，从而显著提升网络的安全性和响应能力。SDN 通过集中式地控制平面管理网络流量和策略，使得安全策略可以动态、实时地适应网络环境和安全威胁。同时，NFV 将传统的网络安全功能如防火墙、入侵检测系统等虚拟化部署在通用硬件上，通过软件定义的方式提供服务，从而降低了部署和维护成本，同时增强了网络安全功能的灵活性和可扩展性。

这种结合使得网络管理员能够更加精确地监控和响应安全事件，快速适应变化的网络需求，有效地保护企业和组织的网络免受各种内外部威胁的影响。

五、未来发展趋势与应用场景

（一）驱动未来发展的自主网络应用

随着物联网（IoT）和5G技术的普及，自主网络在智能城市、工业自动化、智能交通等领域的应用前景广阔。在智能城市中，自主网络可以实现各类智能设备和传感器的联网和管理，例如智能路灯、环境监测设备、交通信号灯等，通过5G的高速和低延迟特性，实现数据的快速传输和实时响应，从而提升城市管理的效率和智能化水平。

在工业自动化方面，自主网络能够支持大规模的工厂设备互联和自动化生产流程。通过IoT设备和传感器的数据采集，结合SDN和NFV技术实现的灵活网络管理，工厂可以实现设备的远程监控、故障预测和自动化调度，提高生产效率和产品质量，同时降低能耗和成本。在智能交通领域，自主网络可以支持智能车辆的通信和协同驾驶，通过5G网络实现车辆之间的高效通信和实时交通信息的共享，提升交通流畅性和安全性。智能交通系统还可以结合人工智能技术，实现交通管理的智能化决策，如智能信号灯调度、智能路由优化等，以应对城市交通拥堵和安全问题。自主网络在物联网和5G技术的支持下，能够推动智能城市、工业自动化和智能交通等领域的创新发展，提升社会运行效率，提高生活质量，促进经济可持续发展。

（二）智能船舶与智能工厂的未来支柱

自主网络作为支持智能船舶、智能工厂等场景的关键基础设施，将在提升系统可靠性、安全性和效率方面发挥重要作用。在智能船舶领域，自主网络可以通过引入SDN和NFV技术，实现船舶各系统的虚拟化和集中管理。这种架构可以将船舶网络的控制平面与数据平面分离，通过集中式的控制器对船舶网络进行动态调整和优化，从而实现船舶设备的智能化管理和自动化运维。例如，智能船舶可以通过自主网络实现船舶设备状态的实时监测和远程维护，预防潜在故障并减少停航时间，提高船舶的运营效率和安全性。

在智能工厂中，自主网络可以支持工业自动化的发展。通过将传统的网络设备功能虚拟化到通用服务器上，利用NFV技术实现设备功能的灵活部署和管理。这种架构不仅提升了工厂生产线的灵活性和可扩展性，还通过自主网络的集成和优化，实现了工业设备之间的协同工作和数据交换，支持智能制造流程的优化和自动化控制。关键的安全性问题也得到了自主网络的解决。通过采用开放的标准接口和协议，如RESTful API、NETCONF、OpenFlow等，不同厂商的设备可以实现互操作，同时通过强化的安全措施如加密技术、访问控制和安全监控，确保数据传输和操作的安全性。这种综合的安全策略保护了智能船舶和智能工厂系统免受网络威胁和攻击的影响，提升了系统的整体安全性和稳定性。自主网络作为支持智能船舶、智能工厂等高度自动化场景的基础设施，不仅提升了系统的可靠性和安全性，还通过提高效率和降低成本，促进了这些领域的技术创新和发展，推动了工业和航运行业向智能化和可持续发展的转型。

通过以上讨论，可以看出基于软件技术的自主网络设计与实现不仅可以改善网络管理的灵活性和效率，还能推动网络服务向智能化和自动化发展，应对未来复杂和多变的网络需求和挑战。

第8章 船舶网络性能优化与未来展望

船舶网络性能优化策略

优化船舶网络性能涉及多方面策略，以确保船舶在海上通信和操作过程中能够高效、稳定地运行。

一、带宽管理与优化

（一）流量控制与优先级管理

对船舶网络进行合理的流量控制和优先级管理是确保关键数据优先传输、避免网络拥塞和延迟的关键策略。

1. 流量控制策略

在船舶网络中，带宽分配和流量限制是关键的网络优化策略，用以确保关键数据如导航和通信能够优先快速传输，避免网络拥塞和延迟。带宽分配侧重于根据数据类型和重要性分配不同的带宽资源，特别是将更高的带宽分配给导航和通信数据，以确保它们在网络中能够以高速传输。同时，流量限制策略则专注于对非关键数据流量实施限制，避免其占用过多的网络资源，从而保证关键数据的传输优先级不受影响。这些策略的有效实施可以显著提升船舶网络的性能，确保船舶在复杂的海上环境中能够高效、安全地进行通信和导航操作。

2. 优先级管理策略

在船舶网络中，除了带宽分配和流量限制外，服务质量（QoS）保障和优先队列的设置也是关键的网络优化策略之一。通过配置 QoS 机制，船舶网络可以为不同类型的数据流设置优先级，确保关键数据如实时导航和通信数据在传输过程中优先得到处理和传输，而不会受到其他普通数据流的干扰。这种优先级设置可以在网络拥塞或高负载时，有效地保障关键任务的及时完成，避免延迟和数据丢失的风险。设置优先队列（PriorityQueue）是一种常见的实施方式,它允许船舶网络在数据包传输时将关键数据包优先进入队列。优先队列能够确保关键数据在队列中排队时,优先于普通数据进行传输和处理,从而有效地降低了关键数据传输过程中的延迟和丢包风险。这种机制特别适用于需要实时响应的船舶应用场景,如紧急情况下的导航调整或重要通信的快速传输,有助于提升船舶网络的整体性能和可靠性。

3. 动态调整机制

在船舶网络中,实时监测和自动化控制是关键的优化策略,用以应对复杂的网络流量和需求变化。通过实时监测网络负载和流量状况,船舶可以及时感知到网络的实际使用情况,从而动态调整带宽分配和数据流的优先级设置。这种实时监测能够有效应对突发的网络流量波动和业务需求变更,保证关键数据如导航和通信数据始终能够优先传输,确保船舶运行的安全性和高效性。

结合自动化控制技术,如 SDN(软件定义网络),船舶网络可以实现智能化的流量管理和优先级调整。SDN 通过集中式的控制平面(Controller)对数据平面(DataPlane)进行管理,使得网络管理员可以根据实时监测到的网络状态,自动调整流量的路由和优先级设置。这种自动化控制不仅提高了响应速度,减少了人工干预的需求,还能够根据实际情况实时优化网络资源的利用效率,确保船舶网络在各种情况下都能够保持高效稳定的运行状态。通过实时监测和自动化控制的结合应用,船舶网络可以有效提升其性能和可靠性,以适应复杂多变的海上环境和航行需求。

4. 安全性考虑

在船舶网络中,安全流量管理和数据加密认证是关键的安全措施,用以保护关键数据的传输安全和完整性。安全流量管理确保只有经授权的数据流能够进入船舶网络,通过检查和过滤网络流量,防止恶意流量对关键数据传输造成干扰。这种措施能有效防范网络攻击和未经授权的访问,确保船舶系统的稳定运行和数据安全。数据加密和认证技术用于保护传输的关键数据。通过加密算法,将数据转换为密文形式,在网络传输过程中防止数据被窃取或篡改。认证机制则确保数据的发送者和接收者的身份合法性,防止伪造数据包和数据源的攻击。这种综合的安全策略不仅保障了船舶网络中关键数据的保密性和完整性,还提升了船舶系统对外界威胁的抵抗能力,确保船舶在海上运行中的安全性和稳定性。

通过以上流量控制和优先级管理策略，船舶可以有效地管理和优化其网络性能，确保关键数据的及时传输和安全，从而提升船舶的运行效率和安全性。

（二）动态带宽分配

在船舶网络中，根据实时需求动态分配带宽是确保关键系统稳定运行的重要策略之一。特别是在紧急情况下，如导航系统或通信系统遇到重要事件需要迅速响应时，动态分配带宽能够保证这些关键系统优先获取足够的网络资源，确保其功能不受影响并保持高效运行。这种策略通过实时监测网络负载和流量情况，以及设置相应的 QoS（服务质量）机制，能够及时调整带宽分配，优先保障关键数据的传输和处理速度。这不仅提升了船舶系统对突发事件的响应能力，还保证了船舶在复杂海上环境中的安全性和可靠性，为船员提供了重要的技术支持和保障。

二、网络设备优化

（一）硬件和软件升级

对船舶网络设备定期进行硬件和软件的升级是确保网络性能和安全性的关键步骤。硬件升级包括替换旧设备、提升处理能力和增加存储容量，以应对不断增长的数据需求和新的通信标准。例如，更新更高速的网络接口、增加内存或存储设备，或者使用更为节能和可靠的硬件组件，都能提高设备的整体性能和可靠性。软件升级则涵盖更新操作系统、网络协议栈和安全补丁等，以填补已知漏洞和增强系统的安全性。船舶网络通常需要适应多种通信标准和协议，因此软件升级能够确保设备与最新的技术和安全标准保持一致。通过及时应用厂商发布的最新软件更新和补丁，可以有效防范网络安全威胁，保护关键数据免受攻击或泄漏的风险。

定期升级网络设备不仅有助于提升其性能和安全性，还能延长设备的使用寿命，降低系统维护和运营成本。在船舶环境中，由于长时间处于海上和恶劣的海洋气候条件下，设备的稳定性和可靠性尤为重要。因此，定期的硬件和软件升级策略是维护船舶网络运行稳定和安全的必要措施。

（二）设备配置优化

在船舶网络中，根据航行环境和网络负载情况优化设备配置和参数设置是关键的策略，旨在最大化设备性能和网络效率。考虑到船舶长时间处于海上及不同气候条件下，设备的稳定性和耐用性至关重要。因此，合理的设备配置包括选择符合海洋环境要求的硬件和设备，例如耐高盐度、防潮湿、抗振动的设备。根据船舶网络的实际负载情况，可以调整网络设备的参数设置以优化性能。这涵盖了多个方面，包括但不限于以下几个方面。

第一，带宽管理和流量控制：根据船舶网络的需求，合理分配带宽资源，确保关键数据如导航和通信数据能够优先传输。通过实时监测网络负载和流量状况，动态调整带宽分配，以应对不同的航行情况和网络需求变化。

第二，QoS（服务质量）配置。配置 QoS 机制，为关键数据流设置高优先级，例如实时数据流（如导航数据）优先于其他数据流，确保其在网络上的快速传输和低延迟响应。

第三，优化网络协议和路由配置。根据航行区域和网络拓扑，优化网络协议和路由设置，减少数据包的转发延迟和丢包率，提升数据传输效率和稳定性。

第四，安全性和故障恢复策略。设计和实施安全性措施，如数据加密、访问控制和安全监控，以防止未经授权的访问和网络攻击。配置故障恢复机制，如备份路由和自动切换，确保在网络故障或被攻击时能够快速恢复服务。

第五，节能和环保考虑。在优化设备配置时，考虑节能和环保因素，选择能效高、低功耗的设备，并合理配置设备运行参数，减少能耗和环境影响。

通过以上策略的综合应用，船舶网络可以在不同航行环境下实现最优的性能表现，提升数据传输效率和网络运行稳定性，以满足船舶运营中对高可靠性和高效率的需求。

三、安全性与可靠性增强

（一）网络安全策略

在当今数字化和互联网普及的背景下，船舶网络安全成为航运业务中的重要议题。为保护船舶网络免受恶意攻击和未经授权的访问，船舶管理者应当采用先进的网络安全措施，如强化防火墙配置、部署入侵检测系统（IDS）以实时监测网络活动，以及使用数据加密技术保护敏感数据的传输和存储。这些措施不仅有助于防止网络入侵和数据泄漏，还能提升船舶系统的整体安全性和稳定性，确保航行过程中关键系统和信息的安全运行。

（二）备份与冗余设计

配置冗余网络设备和通信链路是确保船舶网络持续通信和运行的关键策

略之一。通过在船舶上部署备用设备和多条通信链路，可以在主设备故障或网络中断的情况下快速切换，从而保证船舶能够维持关键系统的正常运行和持续的通信能力。这种冗余配置不仅提高了系统的可靠性和稳定性，还能有效应对意外情况和突发事件，确保航行过程中信息的及时传输和操作的连续性，进而保障船舶和船员的安全。

四、网络性能监控与优化

（一）实时监控与分析

利用网络性能监控系统，可以实时监测船舶网络的状态、带宽利用率、延迟等关键指标。这种实时监测能够及时发现网络中潜在的问题，并采取必要的措施进行解决，确保船舶网络始终处于高效稳定的运行状态。这样的监控系统不仅提升了网络运行的可靠性和安全性，还有助于预防和应对可能影响航行安全和效率的技术挑战。

（二）数据驱动的优化

运用数据分析技术可以对船舶网络的使用情况进行深入分析，从而优化网络拓扑结构和资源配置，进一步提升网络性能和运行效率。通过分析网络流量模式、设备使用情况以及通信需求，船舶管理团队可以精确评估和预测网络的负载情况，及时调整带宽分配和优化设备配置。这种数据驱动的优化策略不仅有助于降低网络拥塞风险，还能提高数据传输的速度和稳定性，确保船舶在各种航行环境下都能够高效、安全地运行和通信。

五、卫星通信与地面支持系统集成

（一）卫星通信优化

优化卫星通信设备和服务的选择是确保船舶在不同海域和各种天气条件下能够保持稳定通信连接的关键。这包括选择适合船舶需求的卫星通信设备，如高性能的卫星天线和接收器，以及选择可靠的通信服务提供商，确保在全球范围内都能获取到高质量的通信信号。此外，优化卫星通信服务的选择还包括考虑到通信费用、服务覆盖范围和服务质量，以满足船舶的通信需求，并保障船舶在海上航行期间的通信稳定性和可靠性。

（二）地面支持系统集成

与地面支持系统的有效集成对于船舶运营的有效性至关重要。通过建立高效的远程技术支持和维护系统，船舶可以实现与船东公司总部、维修中心等地的无缝连接。这种集成能够通过先进的远程监控和诊断技术，实时收集船舶设备的运行数据和性能指标，从而远程分析和诊断潜在问题。这种及时的数据反馈可以加快问题解决的速度，减少维修时间，提高船舶的可用性和运行效率。同时，地面支持系统可以通过远程控制指导船上技术人员进行操作和维护，甚至进行实时决策支持，以应对紧急情况和调整航行计划。这种有效的集成不仅增强了船舶运营的响应能力，还优化了运营成本和资源利用效率，为船舶管理和维护提供了全面的支持和保障。

综上所述，通过以上策略，船舶可以优化其网络性能，提升通信效率和系统稳定性，从而确保船舶在复杂的海上环境中能够安全、高效地运行。

船舶网络工程未来发展趋势与挑战

一、发展趋势

（一）智能化和自动化

随着物联网（IoT）和人工智能（AI）技术的发展，船舶网络工程正逐渐迈向智能化和自动化。这种转型将显著提升船舶的运营效率和安全性，减少人为错误的风险。

1. 传感器与实时环境感知

智能船舶通过集成各种传感器，如雷达、声呐、气象传感器和GPS定位系统，能够实时获取周围环境的信息。这些传感器不断采集数据，包括船舶的速度、位置、海况、气象条件和其他船只的位置。通过这些实时数据，船舶可以全面了解当前的航行环境，为自主决策提供可靠的基础。

2. 自主导航系统与决策

自主导航系统是智能船舶的核心组件，它结合了高级算法和AI技术，能够自主分析传感器数据并作出决策。例如，基于AI技术的图像识别系统可以识别海上障碍物、船只和航标，并在复杂的航行环境中规划最优航线。机器学习算法通过分析历史数据和实时数据，能够预测可能的风险，并提前做出规避措施。这些技术的结合使得智能船舶能够在各种航行条件下保持高效和安全地运行，显著降低人为错误的风险，提升整体运营效率。

3. 提升运营效率和安全性

智能船舶系统不仅能够优化航线，减少航行时间和燃料消耗，还能通过实时监控船舶状态和环境变化，提高应急响应能力。例如，当系统检测到前方有障碍物或恶劣天气时，可以自动调整航线，确保安全航行。此外，AI技术还能帮助监测船舶设备的运行状态，预测潜在故障并进行预防性维护，减少停航时间和维护成本。

4. 减少人为错误的风险

自动化系统通过减少对人类操作的依赖，显著降低了人为错误的风险。智能系统能够处理大量复杂的信息，并在短时间内做出精确的决策，避免因操作失误或判断错误导致的事故。例如，自动避碰系统可以在检测到其他船只或障碍物时，立即采取行动，避免碰撞风险。

5. 实例应用

例如，通过AI技术，智能船舶可以自动调整航线以避开障碍物或恶劣天气，从而确保安全和高效地航行。AI算法分析天气预报数据和实时海况信息，选择最适合的航线，既保证了航行的安全性，也提升了运营效率。此外，智能船舶的自动化系统能够持续学习和优化，以提高未来航行的决策精度和效率。

随着IoT和AI技术的发展，船舶网络工程正迈向智能化和自动化。通过集成各种传感器和自主导航系统，智能船舶能够实现实时环境感知和自主决策，从而提升运营效率和安全性，减少人为错误的风险。这种技术进步不仅改善了船舶的运营方式，也为航运业的未来发展提供了强大的技术支持。

（二）网络虚拟化和 SDN/NFV 技术

软件定义网络（SDN）和网络功能虚拟化（NFV）技术将成为船舶网络工程的核心，通过将网络控制平面与数据平面分离，并将网络功能虚拟化，提供灵活的网络资源管理和动态配置能力。SDN技术使得网络控制变得集中化，网络管理员可以通过集中控制器实时管理和配置网络设备，提高网络的灵活性和响应速度。NFV则将传统的网络功能，如防火墙、路由器和负载均衡器等，从专用硬件中解耦，转而在通用服务器上虚拟化运行，降低了硬件成本并简化了网络功能的部署和管理。SDN 和 NFV 的应用将使船舶能够快速适应不同的运营需求，优化网络性能，并降低运营成本。通过 SDN，船舶网络可以根据实时流量和需求动态调整带宽分配，确保关键任务的数据优先传输，避免网络拥塞和延迟。此外，NFV 的虚拟化能力允许船舶在需要时快速部署或升级网络功能，无须更换物理设备，从而提高了运营效率。例如，在遇到紧急情况或特殊任务时，船舶可以通过 SDN 动态调整带宽，优先分配给导航、通信等关键系统，确保这些系统的稳定运行。与此同时，NFV 可以在后台迅速部署额外的安全功能或优化现有的网络服务，以应对新出现的需求或威胁。这种灵活性和动态调整能力，不仅提升了船舶网络的性能和可靠性，还显著降低了维护和运营成本，为船舶在各种航行环境下提供了强大的技术支持。

（三）高速通信技术的应用

随着 5G 和卫星通信技术的进步，船舶将能够实现更高速和可靠的通信连接，这将极大增强船舶与地面支持系统之间的数据交换能力。高效的数据传输支持远程监控、诊断和维护，使地面技术人员能够实时监控船舶系统的状态，迅速诊断和解决问题，降低维护成本并减少停航时间。高速通信技术还将推动船舶上各种应用和服务的发展。例如，实时视频监控可以提高船舶安全性和运营效率，远程教育可以使船员能够持续学习和培训，提升专业技能，娱乐服务如高清视频和在线游戏则丰富了船员的日常生活，提高了工作环境和生活质量。通过这些技术的应用，船舶不仅能在运营上更加高效和安全，还能提供更舒适的工作和生活条件，增强船员的满意度和工作积极性。

（四）数据驱动的运营优化

大数据分析和机器学习技术在船舶网络工程中将扮演关键角色，通过收集和分析大量运营数据，帮助优化航行路线、燃料消耗和设备维护计划，从而提高整体运营效率。这些技术能够从传感器、导航系统、通信系统等多种来源获取大量实时数据，并进行深度分析和处理。通过机器学习算法，船舶可以识别出影响航行效率的因素，预测潜在问题，并提供最优解决方案。例如，优化航行路线可以减少航行时间和燃料消耗，降低运营成本。

数据驱动的决策支持系统使船舶运营商能够基于精确的数据分析做作更明智的决策。通过对历史数据和实时数据的综合分析，运营商可以预测设备的维护需求，制订预防性维护计划，避免设备故障导致的意外停航和高昂的维修费用。机器学习技术能够根据环境条件、航行历史和天气预报等数据，提供最佳航行建议，提高航行安全性和效率。大数据分析还能帮助船舶识别运营中的"瓶颈"和优化机会，例如，通过分析船员的操作习惯和设备使用情况，优化船员培训计划和设备操作流程，进一步提升运营效率。综合来看，利用大数据分析和机器学习技术，船舶网络工程可以实现精细化管理和优化，降低运营成本，提升竞争力，并推动航运业向更加智能化和高效化的方向发展。

二、挑战

（一）网络安全威胁

随着船舶网络化程度的提高，网络安全威胁也日益严峻，船舶网络面临着黑客攻击、恶意软件和数据泄漏等多种风险。为了保护船舶网络免受这些威胁，需要采用一系列先进的安全措施。例如，防火墙可以有效监控并控制网络流量，防止未经授权的访问；入侵检测系统（IDS）能够实时监测网络活动，及时发现并响应潜在的攻击；数据加密则确保传输和存储的数据无法被窃取或篡改；访问控制则通过严格的身份验证和权限管理，防止未经授权的用户访问网络资源和敏感信息。然而，面对不断演变的安全威胁，仅依靠这些措施还不够。船舶网络安全策略必须不断更新和改进，以应对新出现的安全挑战。这包括定期审查和升级安全系统、应用最新的安全补丁、进行安全培训和模拟演练，以增强船员的安全意识和应对能力。通过这些综合措施，船舶网络可以建立起坚固的防护体系，确保其在复杂的网络环境中安全稳定地运行。

（二）标准化和互操作性

由于船舶网络涉及多种技术和设备，因此实现不同系统和设备之间的互操作性是一个重大挑战。缺乏统一的标准和协议可能导致设备不兼容和通信障碍。因此，推动行业标准化和协议的一致性是未来发展的关键。这需要各国监管机构、标准组织和行业参与者的共同努力。

（三）高成本和技术复杂性

实现船舶网络的智能化和虚拟化确实需要投入大量的资金和技术资源，这对于中小型船舶运营商来说可能是一个显著的障碍。高成本涉及硬件升级、软件购买、网络架构重组以及持续的维护费用，而技术复杂性则需要高水平的专业知识和技能，增加了技术实施和运营的难度。此外，船员和技术人员必须接受专门的培训，以掌握新技术的使用和维护，这不仅耗费时间和资金，还可能导致在过渡期间的运营效率下降。这些因素使得中小型船舶运营商在采用新技术时面临较大的经济和技术压力。同时，快速变化的技术环境要求持续地学习和适应能力，进一步加剧了对培训和技术支持的需求。尽管智能化和虚拟化能带来长远的效益和竞争力提升，但短期内的高投入和复杂性确实构成了较大的挑战，需要在技术推广和支持体系上给予更多的关注和帮助，以推动行业整体向现代化方向发展。

（四）环境适应性

船舶网络设备需要在海洋环境中长时间稳定运行，这对设备的耐用性和可靠性提出了极高的要求。海洋环境独特的高盐度、潮湿和振动等恶劣条件，对设备的材料和设计构成了严峻的挑战。设备必须采用防腐蚀材料和防水密封技术，以抵御高盐度环境中腐蚀性海水和空气的侵蚀。设备的内部和外部结构需要具备抗湿性，防止潮湿环境导致的电路短路和元件损坏。

海洋中的持续振动和波动要求设备具有良好的抗振性能。设备必须经过严格的抗振测试，以确保在长时间的航行中不会因振动而发生松动或损坏。研发和生产适应海洋环境的高性能设备是一个技术挑战，要求在材料选择、设计优化和制造工艺方面持续创新和改进。例如，开发更耐用的复合材料、改进防水密封技术和提升抗振结构设计都是关键的研究方向。这些设备还需要具备高度的可靠性，以确保在极端条件下的持续运行。这意味着设备不仅要具备良好的硬件性能，还需要搭载先进的软件系统，能够自我监测和诊断潜在问题，及时进行预警和维护。只有通过不断地技术创新和优化，才能研发出满足海洋环境需求的高性能网络设备，从而确保船舶网络在各种恶劣条件下的稳定运行，保障船舶的安全和高效运营。

船舶网络工程在智能化、虚拟化和高速通信技术的推动下，将迎来广阔的发展前景。然而，网络安全、标准化、高成本和环境适应性等挑战需要行业各方共同努力去克服，以实现船舶网络的高效、安全和可持续发展。

参考文献

[1] 余志云. 计算机网络信息安全及防护策略研究 [J]. 佳木斯职业学院学报，2018（5）：420-421.

[2] 张萍. 计算机网络信息安全及防护策略研究 [J]. 电子技术与软件工程，2016（2）：214.

[3] 洪波，魏德宾. 基于SDN的分布式无线网络架构及控制器配置策略 [J]. 火力与指挥控制，2019，44（12）：158-162+169.

[4] 谷晓会，章国安，孔德尚. 基于SDN和MEC的5GVANET架构及其性能分析 [J]. 电信技术，2019，59（11）：1332-1337.

[5] 马琳，张莎莎，宋姝雨，等. 基于SDN的智能入侵检测系统模型与算法 [J]. 高技术通信，2020，30（5）：103-107.

[6] 金燊，纪雨彤，张阳洋. 基于SDN的电力通信网络容灾设计 [J]. 信息技术，2020，44（11）：91-95.

[7] 倪若杰. 浅析虚拟化技术在船舶设计网络中的应用 [C]// 中国造船工程学会计算机应用学术委员会. 2012年MIS/S&A学术交流会议论文集. 中国造船工程学会计算机应用学术委员会：中国造船工程学会，2012：155-158.

[8] 陈鹏，刘爽，史国友. 船舶监控系统中可扩展高效通信软件的设计 [J]. 大连海事大学学报，2014，40（2）：86-90.

[9] 解志斌，田雨波，颜培玉，等. 船舶通信与导航实验室构建研究 [J]. 实验室研究与探索，2012，10：417-419.

[10] 李妍. 船舶导航网络通信技术的研究 [J]. 船海工程，2010，03：166-168.

[11] 李圆明，丁振国，张密. 船用通信导航设备使用技术条件的研究方法 [J]. 科技风，2014，01：38.

[12] 周玲. 北斗卫星导航系统的船舶监控应用及展望 [J]. 中国水运（下半月），2014，07：82-83.

[13] 严新平. 智能船舶的研究现状与发展趋势[J]. 交通与港航, 2016(1): 25-28.

[14] 封波. 智能船舶发展战略规划研究[J]. 船舶工程, 2020（3）: 1-8.

[15] 陈琳, 杨龙霞. 世界主要造船国家智能船舶发展现状[J]. 船舶标准化工程师, 2019（4）: 10-14.